Le Mantra-Pyramide :
Le secret de la loi de la
Création sur le plan physique

Apprenez comment faire danser les lettres et les mots de vos désirs et réalisez-les aisément

Ayé Victor AKPAKI
Créateur de la Méthode
H.I.R.I.H.

DÉDICACE

Je dédie ce présent livre à tous les chercheurs en spiritualité en général et, en particulier, à tous ceux et celles qui poursuivent leur quête d'application, efficiente, et pratique des lois naturelles et universelles, dans leur vie quotidienne, pour leur propre bonheur et pour l'avancement de chacun, telle que la loi de **la numérologie.**

Je remercie par la même occasion tous ceux (celles) qui ont parcouru le manuscrit et surtout qui m'ont aidé à concrétiser ma véritable passion : **Écrire, diffuser mes écrits, et les enseigner à plus d'âmes possibles dans tous les pays de la Francophonie mondiale.**

Enfin je remercie les êtres de Lumière qui depuis leur plan invisible, nous guident toujours merveilleusement, pour notre bien.

Table des matières

AVANT PROPOS

Tout d'abord, je tiens à préciser que le présent livre que vous tenez en mains, ou que vous lisez en ce moment a été réalisé en auto édition ; je remercie l'équipe de Kindle pour son soutien et son professionnalisme.

Comme vous le remarquerez durant la lecture de ce livre, c'est vers la fin de 2009 que l'ensemble de son contenu a été écrit. J'ai choisi de le garder tel quel car, il contient des révélations, des anecdotes et des histoires intemporelles, applicables en tout temps, et adaptables à tout individu. Je me plais de le souligner, étant donné que le secret que vous allez découvrir dénommé Mantra-Pyramide, vous sera très utile pendant cette période actuelle de surenchères d'outil de développement personnel et spirituel.

Pour ma part, je suis convaincu que le Mantra-Pyramide saura vous combler, par sa limpidité, sa flexibilité, sa fiabilité, son efficacité, et par la légèreté de son utilisation.

Je vous souhaite tout le plaisir que procure la lecture d'un livre de développement personnel et spirituel, et surtout l'émerveillement que l'application du Mantra-Pyramide vous apportera.

Que l'Allégresse et l'Harmonie vous accompagnent durant la présente lecture.

INTRODUCTION

Dans le domaine du développement personnel et spirituel, il existe de nos jours plusieurs livres dans lesquels nous sont proposés, différents outils et techniques ayant trait à la manifestation des désirs.

Que ce soit, au niveau du Processus de la création, ou de la loi d'attraction, vous êtes inondés de plus en plus d'information à leur sujet. Alors, pourquoi vouloir partager avec vous, le secret de la loi de la création ?

La réponse est simple. Tout comme moi-même, je sais qu'il y a beaucoup de gens, compte tenu de leur personnalité qui souhaiteraient connaitre enfin, une formule simple compatible justement à leur personnalité.

Le secret de la loi de la création, est cette formule polyvalente que je veux vous faire découvrir, en même temps que la loi de la création elle-même, qui engendre le processus de la création.

Je demande, l'Univers répond, je reçois. Tel est le processus de la création.

Puisque l'Univers répond automatiquement, à toute demande, pourquoi vos désirs ne se réalisent pas comme vous l'avez demandé ?

D'après le vécu des gens qui réalisent facilement et aisément, leur désir, le hic se trouve dans le comment demander, et dans le comment recevoir. C'est ce que vous allez découvrir dans ce présent livre. À la fin, vous avez un extrait d'un de mes anciens livres que je recommande chaudement.

Pour vous amener à vous approprier, le secret de la loi de la création, c'est à travers les 7 questions fondamentales (Quoi ? Pourquoi ? Qui ? Quand ? Comment ? Où ? Combien ?), que je vais vous y conduire.

Chapitre 1 : Provenance et historique

1-1- Le sujet de ce livre est une histoire

La puissance de l'utilisation du Mantra-Pyramide qui fait l'objet de ce livre, est telle que, à chaque fois que j'en obtiens un résultat positif, je le considère comme une véritable bénédiction. Preuve de l'une de ces bénédictions, voici une **anecdote** qui l'illustre bien.

Le présent livre que vous tenez en mains en ce moment, est le fruit de l'utilisation du Mantra-Pyramide, mise en branle quelques semaines auparavant alors que j'attendais fébrilement le début de ma formation multimédia d'Auteur Aligné, que j'allais suivre en vue de me perfectionner.

En effet, en décembre 2008 sachant que j'allais suivre cette formation citée précédemment, après avoir demandé à l'Univers (Dieu) de m'inspirer clairement le sujet de mon prochain ouvrage à écrire durant la formation, j'ai créé le Mantra-Pyramide correspondant.

Le jour même que je devrais recevoir le contenu de la 1ère leçon de la formation, quelques heures auparavant, j'ai revécu sans le vouloir des images et des émotions de joie intense et de gratitude en rapport avec un résultat extraordinaire obtenu en 2006; résultat soit dit en passant qui a reprécisé l'itinéraire de ma vie professionnelle, et spirituelle.

Immédiatement, j'ai demandé à mon Être intérieur «Ami intérieur invisible», ce que signifiaient pour moi ces émotions si agréables.

La réponse instantanée est : « Écris ton prochain livre sur «le Mantra-Pyramide.»

C'est donc animé par ces émotions de joie et de gratitude, que je vais simplement partager avec vous les ingrédients de ce puissant outil qu'est le Mantra-Pyramide, en formulant le souhait que vous l'utilisez effectivement pour chacun de vos désirs légitimes.

1-2 L'alignement sur l'Être intérieur donne accès à toutes les réponses

Grande est l'immensité des réponses que l'Univers peut nous donner, lorsque nous Lui faisons appel pour trouver des solutions à nos différents contrastes. Sa **réserve** étant illimitée et infinie à l'image de Sa **nature**, tout ce qui nous reste à faire est de nous aligner sur Lui.

La Grande Réserve de la Nature, est le nom que j'avais l'habitude d'utiliser lors de mes interventions auprès des dirigeants et des employés au sein des entreprises, en ma qualité de Consultant-Facilitateur.

Imaginez un instant, une grande réserve naturelle quelque part dans le, fin fond du ciel, qui contient toutes les réponses à vos questions. Pour y accéder librement, vous choisissez de vous unir encore et encore à cette réserve dont la contrepartie se trouve dans votre cœur.

Parlant de la provenance et de l'historique du présent livre, c'est ce que je faisais avant d'obtenir fortuitement le livre « **L'homme, les minéraux et les maitres** » du docteur Charles W. LIITTLEFIELD publié en 1937 et traduit de l'anglais par Marie-Andrée DIONNE et publié en 1989 au Québec, par les éditions du 3e Millénaire.

À l'époque, alors que je traversais une période de «nuit obscure» dans ma vie professionnelle, je passais la plupart de mes temps libres pour m'aligner quotidiennement sur mon Être intérieur pour lui demander des réponses à mes questions existentielles.

Convaincu que j'aurai les réponses adéquates au moment opportun, je vaquais à mes occupations journalières jusqu'au jour où un ami, un frère et un chercheur en spiritualité que je salue ici en passant, me fit cadeau de 2 livres dont celui du docteur Charles W. LIITTLEFIELD, mentionné dans le paragraphe précédent. Et l'un de ces cadeaux contient en fait un cadeau qui fait l'objet du 3e point de ce chapitre.

1-3 **Un cadeau très significatif dans un livre**

À **la croisée** des chemins j'étais donc, lorsque ce livre m'a été donné en réponse à mes nombreuses questions posées à l'Univers. En toute **humilité**, je reconnais que je n'ai pas su décoder immédiatement ce cadeau précieux; mon attention étant portée beaucoup plus sur mon monde extérieur, que sur mon monde intérieur. Grâce à ma grande **foi** en l'Univers et en Dieu, j'ai pu récupérer néanmoins ce bien inestimable.

En effet, à la lecture du titre de ce fameux livre qui me paraissait assez rébarbatif et compliqué, je ne me souviens pas de l'avoir lu avec intérêt à cette époque. Ce n'est qu'en 2005, après avoir lu suffisamment de livres spirituels, métaphysiques, de motivation, et de développement personnel, je me disais intérieurement qu'il doit exister quelque part un outil simple adapté à ma personnalité, qui peut me permettre de jouir tangiblement de l'abondance financière.

Puis, un jour de juillet 2005, en faisant le ménage dans les livres de ma bibliothèque je suis tombé sur ce livre qui est la principale source du présent livre qui est dans vos mains en ce moment, et va servir de référence tout au long de son écriture.

Sans hésiter, j'ai décidé de le lire du début jusqu'à la fin, sans prendre de pause. C'est ce que je fis, et je découvris enfin ce que je convoitais depuis des années durant.

Après plus de 30 ans de pratique, d'expériences et d'études scientifiques (1886-1937) réalisées par le docteur Charles W. LIITTLEFIELD, celui-ci arriva à la conclusion suivante :

« Il existe une loi universelle qui régit la manifestation de toutes choses, sur les trois grands plans de la vie, plan physique, plan mental, et plan spirituel.» Cette loi, c'est **la loi de la répartition et de regroupement des éléments**, qui fait d'ailleurs l'objet du prochain chapitre.

Avant d'aborder dans le chapitre 2 la teneur de cette loi merveilleuse, poursuivons avec les éléments constitutifs de la provenance et de l'historique du présent livre que vous lisez présentement, ainsi que de sa référence.

1-4 La référence du contenu de mon présent livre est extraordinaire.

Simplement, j'ai découvert le secret de la loi de la création qui est le sujet central de mon présent livre, secret tellement **voilé** bien que présenté dès le début de mon livre de référence « L'homme, les minéraux et les maitres », car **grands** sont les résultats de son utilisation.

Pour vous donner un avant-goût de la grandeur des résultats obtenus de l'utilisation du secret de la loi de la création, voici **une histoire** :

Par un bel après-midi ensoleillé de fin d'automne, où le soleil luisait d'un jaune orangé-pourpre, une jeune mère au foyer, après avoir couché son bébé dans son berceau couleur rose-bonbon pour sa sieste quotidienne, se retira dans la cour-arrière de leur maison, clôturée par des barrières en mailles de chaîne orangée.

Sous l'un des arbres géants de la maison, elle s'allongea dans son fauteuil orange-or préféré. Regardant le ciel bleu turquoise à travers les feuilles des branches des arbres, elle ferma les yeux. Tout d'un coup, tombée dans un état méditatif, elle se vit au bord d'un lac dont l'eau était d'un bleu-azur.

Le soleil dans sa vision, d'un jaune-orange orangé se dirigeant vers l'ouest, illumina le lac de ses rayons couleur arc-en-ciel qui semblaient danser sur la surface de l'eau du lac.

Soudain, dans son rêve éveillé, la jeune dame entendit une voix lui souffler : **«Laisse tes désirs les plus intimes danser comme ces rayons du soleil sur le lac, et reste confiante qu'ils sont déjà réalisés. Sois dans l'allégresse, à bientôt. »**

La dame sortit de son état méditatif et se rappela, qu'elle mijotait un désir non encore réalisé, et se demanda comment peut-on faire danser un désir ? Pourquoi, dois-je le faire danser ? Mais alors, pourquoi pas ? se dit-elle.

Pour danser, idéalement il faut être au moins deux personnes ou plus, en harmonie l'une avec l'autre, dans la joie, le plaisir et l'amour inconditionnel.

Pourquoi et comment fait-on danser un désir pour le voir se réaliser ?

C'est ce que le secret de la loi de la création que je vous présente dans le présent livre, vous dévoilera de par sa nature. Encore un peu de patience, poursuivons avec son historique et sa provenance.

1-5 **Mes contrastes ont été mes leçons de vie.**

Régénéré que je suis toujours après avoir transmuté un contraste, si infime soit-il car de ces situations contrastantes, me vient une **lucidité** plus grande dans les activités de mon expérience de vie, lucidité qui s'apparente souvent à une **parcelle de Vérité** émanant de l'Univers et de mon être intérieur.

Comme je l'ai mentionné dans un point précédent de ce chapitre, lorsque le fameux livre m'a été donné, je vivais des situations contrastantes assez importantes dans ma vie. Bien que je n'aie pas pris connaissance de son contenu à l'époque, aujourd'hui avec le recul je sais que ces contrastes ont été mes leçons de vie professionnelle et personnelle, et je remercie l'Univers pour cela.

Ainsi, ces contrastes m'ont permis de renforcer ma détermination à œuvrer dans le domaine qui me passionnait (Management, Relations humaines) au sein des entreprises.

1-6 **Les interrogations trouvent toujours des réponses justes.**

L'Omniscience de mon Ami intérieur invisible dans toutes les situations de ma sphère de vie, m'apporte toujours une nouvelle **connaissance** intérieure, puisque depuis l'**éternité**, tout ce que nous demandons à l'Univers, nous est toujours donné.

La lecture de mon livre de référence et surtout l'application soutenue de son contenu me renforcent dans ma décision de partager ses fruits avec vous, chers lecteurs et chères lectrices.

La preuve que les interrogations trouvent toujours des réponses, un an environ après avoir reçu ce cadeau, j'ai été guidé et instruit par mon Ami intérieur dans la conception et l'application de mon approche H.I.R.H. (Harmonisation intégrale des relations humaines), à la fin de 1990.

1-7 La solution miracle existe pour chaque contraste (problème)

Sincérité, est l'une des qualités primordiales pour obtenir ce que nous voulons en autant que nous sommes au même **diapason** avec l'Univers, et en **insistant** bien sûr.

Ainsi, suite aux différents contrastes que j'ai vécus parce que j'ai insisté encore et encore, j'ai reçu aisément et amplement toutes les réponses aux questions que je me posais à l'époque et qui m'ont permis et me permettent d'être qui je suis, et de faire ce que je fais aujourd'hui.

Si vous lisez ce livre en ce moment, c'est grâce aux réponses reçues intuitivement, et également reçues en appliquant le « secret de la loi de la création », thème central du présent livre.

1-8 Mes intentions pour ce livre sont pures pour ce livre

La compréhension que j'ai acquise en utilisant le secret de la loi de la création, me permet avec **sagesse** et **tolérance** de partager ses bienfaits avec des milliers de personnes, pour contribuer à faire reculer les barrières de l'ignorance, un mal non nécessaire dans la vie humaine.

Pourquoi, vouloir écrire sur les mantras ou les affirmations alors qu'il y a déjà pas mal d'écrits à ce sujet ?

Pour répondre à cette question, afin de préciser mon intention puissante pour l'écriture de ce livre je me permets de citer Eugène Delacroix qui dit : « **Ce qui touche les génies, ou plutôt ce qui inspire leur œuvre, ce ne sont pas les nouvelles idées, mais l'idée obsédante que ce qui a déjà été dit ne suffit pas** ». J'ajouterai, **ne suffit plus** car les consciences humaines évoluent de jour en jour, et ont besoin d'être nourries en permanence par de nouvelles perspectives sur des vérités éternelles soient elles.

Oui, humblement j'avance que ce qui a déjà été dit à propos des mantras et des affirmations, ne suffit pas, ne suffit plus selon moi.

Il est maintenant admis que les affirmations obéissent au phénomène de la loi d'attraction selon lequel, tout ce que nous vivons au moment présent est la projection de nos propres pensées et idées entretenues dans le passé récent ou lointain. En faisant pivoter à 180 degrés ces pensées et ces idées vécues maintenant, nous créons instantanément une nouvelle situation plus profitable pour nous.

Il est également admis que les pensées positives ont plus de puissance et d'effet de manifestation, que les pensées négatives.

Ce que je pense que la majorité de gens ignore, même ceux et celles qui utilisent abondamment, les affirmations (j'en suis un brillant adepte), c'est que les affirmations formulées sous la forme de **Mantra-Pyramide**, ont force de loi, car elles obéissent dès lors à une loi universelle : **la loi de la répartition et du regroupement des éléments.**

Que vous le croyez ou non, le soleil se lève toujours à l'est et se couche à l'ouest ! C'est une loi naturelle.

Que vous le croyez ou non, le jour succède toujours à la nuit ! C'est également une loi naturelle.

Alors si vous voulez composer avec une loi naturelle et universelle, il est plus porteur d'en connaitre sa nature.

Le cadeau que je veux m'offrir en vous présentant, la puissance et la simplicité des Mantra-Pyramides, c'est de vous donner l'occasion de garnir davantage votre coffre à outils de matérialisation de vos désirs.

Qui plus est, je veux que le lecteur que vous êtes, découvre, comprenne, et accepte que **le doute** n'a plus sa place lorsqu'il s'agit de Mantra-Pyramide.

Nous sommes uniques et nous n'avons pas tous, le même degré d'évolution spirituelle ou de développement personnel, encore moins du degré de foi et de certitude intérieure.

Pour ceux et celles qui n'ont pas encore atteint la certitude intérieure, et qui n'ont que l'espérance ou la foi en ce moment de leur vie, ce livre vient leur donner un coup de pouce.

Et pour ceux et celles qui, bien qu'ayant développé leur certitude intérieure, se posent encore quelquefois des questions ou vivent des baisses d'énergie émotionnelle, ce livre est également pour vous.

1-9 **Mes objectifs pour ce livre sont grands**

Magique, est le résultat de l'utilisation du Mantra-Pyramide et, **infini** est le domaine dans lequel on peut l'utiliser, en entendant la voix de notre propre **illumination** intérieure.

Partant de ces considérations ci-dessus mentionnées que j'ai moi-même expérimenté, je veux voir grand pour ce livre, en fait pour chaque lecteur et pour chaque lectrice de ce livre.

Pour ce présent livre, je veux qu'il y ait au moins un million de lecteurs qui s'approprient aisément son contenu et l'appliquent effectivement.

Je veux que chaque lecteur qui applique son contenu, de la certaine manière indiquée que nous verrons plus loin dans le livre, obtienne d'une manière tangible au moins un résultat significatif dans son expérience de vie, en moins de 65 jours.

Je veux que chaque lecteur ayant obtenu un résultat significatif, en parle à au moins 1 personne de son cercle de vie et l'inviter à acquérir le livre à son tour, et en faire autant.

Je veux que le degré d'évolution de la foi ou de la certitude intérieure de chaque lecteur de ce livre, augmente graduellement et concrètement au fur et à mesure de sa lecture et de son application.

Je veux que le contenu de ce livre soit traduit en plusieurs autres langues, que le français et que son rayonnement s'étende au-delà de la Francophonie mondiale.

Je veux que chaque lecteur de ce livre soit Co-créateur avec moi, dans la réalisation des objectifs que je viens de formuler, afin que la communauté des créateurs et des utilisateurs du Mantra-Pyramide s'élargisse et s'agrandisse de plus en plus, dans le temps et dans l'espace.

Avant d'entamer le sujet principal de ce livre, qui est le secret de la loi de la création, je vais conclure ce premier chapitre sur son utilité.

1-9- **L'utilité du contenu de ce livre est indéniable.**

Accessible, est ce puissant outil qu'est le Mantra-Pyramide que je nomme également, le secret de la loi de la création car, peu importe votre statut, votre degré d'évolution, son caractère très **pratique**, vous subjuguera, et vous permettra d'être **riche** dans les sphères de votre vie selon votre volonté.

Voici **l'histoire** vécue d'un homme qui m'a été racontée, il Ya 2 ans environ par un de mes anciens clients de coaching de vie H.I.R.H.

Très croyant et familiarisé à plusieurs techniques et outils de développement personnel de toutes sortes, un homme dans la, mi quarantaine, père de deux enfants jeunes adultes, se retrouve du jour au lendemain sans travail à cause de la fermeture de la compagnie dans laquelle il travaillait comme chef du personnel depuis plus de 12 ans.

Convaincu qu'il pourra trouver un autre emploi dans les plus brefs délais, il créa sans le savoir un Mantra Pyramide. En fait, du début de la journée jusqu'à la fin de sa journée d'oisiveté, il répétait encore et encore « **J'ai un nouvel emploi superbe** ». Il multiplia ses curriculum vitae dans presque toutes les compagnies qui œuvraient dans sa région et occupait sa journée par un travail de script temporaire de 3 heures par semaine.

Avant de compléter 3 semaines sans emploi véritable et décent financièrement, il fit appeler par un ami du propriétaire de son ancienne compagnie, qui avait besoin d'un superviseur, alors qu'il n'a pas envoyé son CV dans cette entreprise qui a déjà un chef du personnel.

Le poste de superviseur qu'on lui confiait est un poste de directeur-adjoint chargé du développement des relations humaines entre sa nouvelle compagnie et ses succursales à travers le Québec. Bien évidemment, son salaire a fait un bond passant de 35.000,00$ à 50.000,00$ par année.

Ce que je vous demande pour le moment de retenir de cette histoire, c'est que notre cher monsieur a construit sans le savoir, un Mantra-Pyramide et qui a créé un résultat plus qu'indéniable dans sa vie.

Vous vous demandez sans doute, en quoi une affirmation somme toute normale que n'importe qui, qui connait la puissance des affirmations peut également formuler, et obtenir des résultats voulus, est différente d'un Mantra Pyramide et vous avez raison.

Justement, le présent livre que vous lisez en ce moment va vous apporter toutes les réponses à des questions comme, c'est quoi un Mantra-Pyramide ? Pourquoi ? Qui ? OÙ ? Comment ?

Allons découvrir le secret qui fait de cette simple affirmation, un Mantra-Pyramide, et apprenez à en construire encore et encore pour votre plus grand bonheur.

Chapitre 2 : La loi universelle de la répartition et du regroupement des éléments.

2-1 La manifestation de toutes les choses

Visible, est toute concrétisation lorsque nos yeux, et à un degré divers les 4 autres sens du corps humain, en font la constatation ; lorsque nous en prenons en fait conscience. **Invisible**, est l'illusion d'absence de concrétisation expérimentée par nos 5 sens, en l'occurrence nos yeux.

Pourtant, la manifestation de toutes les choses est un **décret,** une fois que les idées et les pensées qui les soustendent sont lancées dans l'univers, parce que cette manifestation obéit à une loi.

Cette loi, c'est la loi de la répartition et de regroupement des éléments ; éléments constitués par les pensées et les idées devant se manifester.

Ainsi, selon cette loi, toute idée ou pensée se matérialise **sur le plan physique** en respectant la loi de « **Chacun selon son espèce** » qui peut se formuler comme suit à savoir :

Un oranger, ne peut pas produire des mangues, et un manguier ne peut pas produire des oranges. À l'image des arbres fruitiers, les pensées et les idées de beauté ne peuvent que créer de belles choses.

Tout être humain quel qu'il soit, est comme un arbre fruitier. Sur le plan physique, toutes les pensées que tout individu entretient se manifestent, selon l'espèce de chacune de ses idées entretenues.

Ainsi lorsque vous entretenez en vous des pensées de joie, vous allez créer des évènements et des circonstances de joie et attirer également, des personnes et des êtres dégageant la joie de vivre, dans votre environnement physique.

Ce que je trouve formidable, dans la loi de « chacun selon son espèce », c'est que toute manifestation se fait par décret parce qu'elle obéit à un ordre. Vous êtes individuellement, des **rois et des reines** par rapport à vos pensées et par rapport à vos idées.

Pour preuve, à chaque fois que je veux avoir un environnement de paix et d'harmonie autour de moi, je choisis de formuler mentalement ceci :

« Je suis en paix avec moi-même ici et maintenant, je suis en harmonie avec moi-même ici et maintenant. Merci. »

Automatiquement, mes yeux se tournent sans le vouloir vers quelque chose d'apaisant, de calmant, comme par exemple le balancement des feuilles dans les arbres, qui plus est je me sens inspirer d'agir d'une certaine manière pour manifester, cette paix, cette harmonie.

L'une de ces actions peut être, d'aller écouter une belle musique qui me fait du bien, de m'assoir confortablement pour prendre de grandes respirations pour relaxer, pour méditer…etc.

En émettant, et en entretenant des pensées de paix, d'harmonie, je ne peux qu'obtenir des manifestations physiques qui correspondent à ces 2 espèces de pensées émises.

Prouvez à vous-même, la manifestation de cette loi sur le plan physique en vous amusant à entretenir des pensées que vous voulez et qui vous font **du bien**.

Selon également la loi de la répartition et de regroupement des éléments, sur **le plan mental,** la matérialisation de toutes les choses se concrétise suivant **la construction des mots avec les lettres de notre alphabet.**

Pour faire la cuisine, tout cuisinier a, à sa disposition, différentes recettes, et pour réaliser ses recettes il lui faut choisir les ingrédients nécessaires et agréables, en fonction de ce qu'il veut préparer.

Supposons que vous voulez préparer une bonne sauce tomate pour accompagner des pâtes alimentaires, ou du riz, dépendamment que vous choisissez que cette sauce aura le goût d'une sauce-tomate italienne, espagnole, africaine, ou chilienne, vous choisirez avec soin les ingrédients qui correspondront exactement au goût recherché.

Il en va de même, pour la matérialisation de toute chose sur le plan mental. En fonction du choix des lettres de notre alphabet que vous ferez, la construction des mots qui en découlent créeront ce que vous voulez voir se manifester.

En affirmant mentalement « Je suis capable », le choix de ces lettres de l'alphabet se traduira par la signification des mots formés à savoir : Je, suis, capable. Ajoutez à cette affirmation(ne) et la matérialisation prend automatiquement une autre direction qui ne vous est plus porteuse et s'enregistrera comme « Je **ne** suis pas capable. »

Par la construction des mots, dépendamment du choix des lettres alphabétiques, votre mental imprimera ces mots formés sous la forme de pensées, et ces pensées n'ont pas d'autre choix que de se matérialiser comme les mots formés, parce que obéissant à un ordre, régi par **la loi**.

Par cette loi de la matérialisation de toute chose sur le plan mental, il faut comprendre que les mots formés, devenus des pensées se regroupent entre eux pour créer ce à quoi ils correspondent exactement.

Alors que sur le plan physique, c'est la loi de « Chacun selon son espèce », sur le plan mental, c'est la construction des mots issus de notre alphabet. Ces deux matérialisations signifient une seule et même chose :

Ce que vous pensez, c'est cela que vous créez dans votre monde physique, reflet du monde mental et surtout en fonction de la construction de ces pensées- mots.

Pour m'imprégner de la compréhension de cette manifestation sur le plan mental, voici un jeu que je me suis inventé : Au cours d'une journée quelconque, je choisis à un moment donné de me répéter 2 ou 3 fois, cette affirmation « **Je veux me sentir bien ici et maintenant. Merci.** » Consciemment j'observe ce qui se passe dans toutes les cellules de mon corps, des pieds à la tête. Quelques trentaines de secondes plus tard, je mets fin à cette observation, puis je vaque à mes occupations du moment.

Au cours de la même heure durant laquelle, j'ai fait la précédente affirmation, environ 30 à 45 minutes d'intervalle, je choisis de répéter ceci « **Je me sens bien ici et maintenant. Merci.** »

En observant le ressenti de cette affirmation dans les cellules de mon corps, je note une différence significative en terme de vibration, et surtout en terme de bien-être. Sans aucun doute dans mon esprit, je sais que la construction des mots de ces 2 affirmations en est pour quelque chose.

À cette étape de la lecture de ce livre, je vous suggère de commencer à jouer vous aussi avec la construction des pensées-mots qui vous font du grand bien. Cela vous préparera graduellement, à la compréhension et à l'utilisation efficace du Mantra-Pyramide.

Enfin, selon la loi de la répartition et de regroupement des éléments, **sur le plan spirituel**, la matérialisation de toutes les choses se produit par **la variation des combinaisons des chiffres arabes : 1, 2, 3, 4, 5, 6, 7, 8, 9, 0.**

En reprenant, l'exemple de la sauce tomate, vous pouvez choisir de mélanger plusieurs variétés de tomates, biologiques, italiennes, produites en serre, et même y ajouter des concentrés de tomates en boîte à votre guise. Vous conviendrez avec moi que le goût de cette sauce en sera un bien drôle de mélange, qui ne satisfera pas convenablement votre palais gustatif.

Pour savourer votre sauce-tomate, vous choisirez plutôt
une même variété de tomates, afin que le goût exquis
d'une variété spécifique de tomate vous comble de son
arôme et de sa saveur.
Exactement, telle est la fonction des chiffres arabes dans la
matérialisation de toutes les choses sur le plan spirituel. En
fonction de la variation des différentes combinaisons de
ces   chiffres,   vous en   obtiendrez   des
          résultats correspondants.
La raison principale est que chaque lettre de notre
alphabet, a une correspondance numérique allant de 1 à
26, représentant les 26 lettres de notre alphabet comme par
exemple : A= 1, B= 2, C= 3, pour ne citer que ces 3 lettres
pour le moment. Nous y reviendrons dans les chapitres à
venir.
     Pour vous donner un avant-goût de la teneur du secret de
     la loi de la création, qu'est le Mantra-Pyramide, et que
     j'aborderai plus en détail à partir du troisième chapitre de
     ce livre, sachez que les résultats de plusieurs chercheurs en
     spiritualité précisent que le mot PYRAMIDE, a comme
     valeur numérique 10 qui signifie division de 5, ou 5 plus 5,
     comme les 5 doigts de la main, nos 5 sens physiques(la
     vue, l'ouïe l'odorat, le toucher, le goût).
     Que signifie la valeur numérique d'un mot et qu'est-ce que
     cela a à voir avec le secret de la loi de la création ?
     Tout ce mystère vous sera dévoilé sous peu. Anticipez
     joyeusement, la combinaison des 2 mots Mantra et
     Pyramide !
     Puisque c'est en fonction de la variation des combinaisons
     des chiffres arabes, que la loi de la répartition et de
     regroupement des éléments se manifeste sur le plan
     spirituel, cela veut dire que le choix des lettres et des mots
     que vous utilisez dans la formation des pensées que vous
     entretenez, **est d'une importance capitale.**
La correspondance numérique de vos pensées-mots,
conditionne la valeur porteuse ou non porteuse de la
manifestation de ce que vous projetez par vos pensées.

En reprenant, l'exemple de l'affirmation « Je suis capable » comparée à celle de « Je ne suis pas capable », le résultat obtenu est influencé par « ne ».

Imaginez un instant, que vous connaissez maintenant la valeur numérique de toutes vos pensées-mots, de même que leur valeur de manifestation dans votre vie porteuse ou non porteuse, vous choisirez sans nul doute les pensées mots porteuses, n'est-ce pas ?

Justement, c'est ce que je m'apprête à vous faire découvrir dans ce présent livre. Mais avant d'aborder le prochain chapitre qui porte sur « la loi de la création sur le plan physique », prélude au Mantra-Pyramide, je choisis de récapituler les éléments de ce deuxième chapitre très important pour la suite des choses.

Premièrement, la manifestation de toute chose, sur le plan physique, le plan mental, et sur le plan spirituel, obéit à la **loi de la répartition et de regroupement des éléments**. Cette loi stipule donc que, tous les éléments constitutifs des pensées et des idées devant se manifester, se répartissent et se regroupent selon l'adage « **Qui se ressemble, s'assemble.**» Aussi, **sur le plan physique** les espèces identiques des pensées-mots se répartissent et se regroupent en vue de leur manifestation idéale ; les graines de pervenches donnent des fleurs de pervenche, et les graines de rosiers donnent des roses.

> **Sur le plan mental**, la répartition et le regroupement des pensées-mots sont conditionnés par la construction de mots issus des lettres de notre alphabet ; **je vais bien ou je vais mal, quelle construction de mots choisissez-vous ?**
>
> **Sur le plan spirituel**, la répartition et le regroupement des pensées-mots résident dans la variation des combinaisons des chiffres arabes 1, 2, 3,4, 5, 6, 7, 8, 9, 0, et dépendent de la correspondance numérique de chaque lettre et de chaque mot choisi.
>
> **Là, réside le secret de la loi de la création.**

Plus qu'un seul chapitre, et vous arriverez à percer ce secret. Pour clore ce chapitre, voici l'histoire d'un homme qui illustre bien ces 3 manifestations.

Mr Mambo, chef-cuisinier

Passionné par le jardinage, et la culture de fruits et de légumes, Mr Mambo (nom fictif), est chef-cuisinier dans un hôtel 2 étoiles dans une petite communauté de 1000 habitants, située au bord d'un magnifique lac sous des montagnes rocheuses, dont le relief fait miroiter magiquement les rayons du soleil quotidien peu importe la station géographique où il se trouve.

Approchant la soixantaine, Mr mambo y travaille depuis plus de 15 ans et souhaite y demeurer jusqu'à sa retraite qu'il prévoit pour ses 65 ans. Nous sommes à la fin des années 80 et au début des années 90.

Avec la récession mondiale qui secouait beaucoup de restaurants et d'hôtels, la communauté de Mr Mambo étant de vocation touristique, celui-ci craignant pour son emploi, décida de transmuter la situation en sa faveur. Connaissant approximativement, les concepts de la loi de la répartition et de regroupement des éléments, Mr Mambo proposa au propriétaire de l'hôtel de lui vendre à prix compétitif, les tomates et les concombres de son jardin; proposition qui fut acceptée, sachant que les fruits et les légumes du jardin de Mr Mambo sont d'une très grande qualité.

Dès lors, chaque jour au moment de cueillir les tomates et les concombres dans son jardin pour l'hôtel, il répétait mentalement ce qui suit : « **Je veux conserver mon emploi, je vais conserver mon emploi, je conserve mon emploi jusqu'à ma retraite. J'en suis sûr.**

Tous les clients qui mangent ces tomates et ces concombres produits avec tout mon amour, sont en bonne santé, sont joyeux et parlent de notre hôtel et surtout de sa cuisine à d'autres personnes de leur connaissance, qui viennent à leur tour dans notre hôtel.

Les chambres de notre hôtel sont toujours occupées par des clients, et notre restaurant est également plein de monde, matin, midi, et soir. Je remercie l'Univers pour tout cela maintenant. Merci. »

Puis il apportait les tomates et les concombres cueillis au restaurant en vue de leur préparation. Jouissant de sa fonction de chef-cuisinier, durant la préparation des repas pour les clients, de temps en temps il répétait mentalement : «**Chers clients, vous êtes en bonne santé. Merci.**»
Non seulement, la récession n'a pas touché cette communauté, mais en plus et surtout Mr Mambo a conservé son emploi jusqu'en 1994, en plus d'avoir fait de l'argent avec la vente de ses fruits et légumes à son hôtel.
Et, aux dernières nouvelles, le fils ainé de Mr Mambo a pris sa relève en tant que fournisseur privilégié de fruits et de légumes de l'hôtel de leur communauté, hôtel qui, soit dit en passant, a agrandi le restaurant.
Elle est belle n'est-ce pas cette histoire ? Ce qu'il faut retenir c'est que, en choisissant minutieusement les pensées-mots selon leur espèce, leur construction, et en connaissant assez bien la correspondance vibratoire des lettres et des mots, **le résultat est magique.**
En quoi ce long paragraphe de demande et d'affirmation de Mr Mambo, est-il un Mantra-Pyramide ? Nous le serons bientôt.
Cette histoire est réelle; seuls le contexte et les évènements ont été dénaturés volontairement. Mr Mambo existe véritablement; qui plus est, sachez qu'il existe des milliers de Mr Mambo dans le monde, mais qui s'ignorent.
Vous aussi, vous êtes un Mr Mambo, ou une Mme

Mambo. À la fin de la lecture du présent livre, vous serez en mesure de vous réapproprier votre pouvoir de création, et d'utilisation du Mantra-Pyramide à la **façon de Mr Mambo**.

Chapitre 3 : La loi de la création sur le plan physique.

Vous avez appris dans le chapitre précédent, que la manifestation de toutes les choses se produit par répartition et regroupement sur le plan physique, mental et spirituel, obéissant à la loi de la répartition et de regroupement des éléments.

Cette loi universelle, incorpore en elle-même une autre loi spécifique qui est celle de la création sur le plan matériel ou physique, plus précisément en ce qui concerne les sphères de l'expérience de vie humaine.

Cette loi et ses composantes vous sont présentées, dans ce chapitre pour vous faciliter la compréhension, la construction, et l'utilisation du Mantra-Pyramide qui est **le secret** de la loi de création sur le plan physique.

D'après les résultats prouvés scientifiquement, par ses travaux et ses recherches, résultats vérifiés et corroborés par d'autres chercheurs scientifiques entre 1886 et 1937, le docteur-chirurgien Charles W. LITTLEDFIIDE révèle la loi de la création sur le plan physique comme suit, je le cite :

« Il existe une formule rigoureuse et 5 principes dans la nature, qui sont les clefs de toute formation, toute manifestation et de toute expression sur le plan matériel. »

D'après cette formule rigoureuse, c'est la manière dont sont agencés les éléments matériels qui composent toute chose, qui détermine, la forme, la qualité, et les fonctions de cette chose. En terme, d'agencement, il faut se référer au degré de proportion et au degré de regroupement de ces éléments dans la chose créé.

Pour avoir un beau jardin potager, Mr Mambo avait choisi de privilégier la culture de plus de tomates, que de concombres, et de plus d'oignons que d'ails. De plus, il utilisait juste de la terre noire organique sans aucun additif chimique. Compte tenu des différents plats spécialisés préparés, dans le restaurant où il était chef-cuisinier, il optait pour la variété des oignons d'Égypte pour leurs fonctions curatives entre autres, et la variété de tomates italiennes pour leur saveur et leur arôme spécifiques dans les plats cuisinés.

Son jardin se présentait, dans une proportion de 2 tiers de plants de tomates pour 1 tiers de plants de concombres, et de 1 cinquième de plants d'ails pour 4 cinquième de plants d'oignons. Ainsi, les fruits et les légumes du jardin de Mr Mambo sont exactement comme il les a agencés, et comme il les a imaginés dans son esprit.

Puisqu'il est admis et prouvé scientifiquement, que toute chose créé sur le plan physique résulte avant tout d'une image mentale de cette même chose, la compréhension et l'utilisation de **la formule rigoureuse,** peuvent s'illustrer comme suit.

3-1 Les éléments matériels de la chose crée.

Tout désir donne naissance à une ou plusieurs idées ; toute idée donne naissance à une ou plusieurs pensées ; toutes les pensées se précisent à partir des lettres et des mots associés entre eux, le tout pour **former des images mentales**. Comme vous le constatez, les éléments matériels de la chose crée sont des **éléments mentaux** qui s'incorporent dans la manifestation physique de la chose crée.

Supposons, que vous voulez acquérir une nouvelle maison, c'est votre désir. Ce désir va engendrer une ou plusieurs idées, comme par exemple, une belle maison à deux étages dans une zone urbaine limitrophe d'une zone forestière, non loin d'un ruisseau ou d'une rivière, accessible facilement aux centres commerciaux de votre ville. Ces idées à leur tour vont engendrer des pensées précises, sur le prix, l'année de construction de la maison, les différentes commodités liées à cette maison…etc. Graduellement, les images de cette maison vont se former dans votre esprit pour en faire des images mentales. Dépendamment, de comment vous allez agencer toutes ces images formées, vous en obtiendrez leur copie conforme sur le plan physique, dans votre vie.

Pour expérimenter ce concept, et renforcer ma compréhension et donc ma confiance par rapport à cette loi, voici ce que j'ai l'habitude de faire.

Je choisis un ou deux désirs simples mais abstraits, comme : «Je veux me sentir bien ici et maintenant » « Je suis joyeux » « Je suis en paix avec moi-même » Je les agence différemment et j'obtiens des manifestations physiques. Peu importe, l'activité que je suis en train de faire, je décide de m'arrêter à toutes les 30 minutes pour faire varier la proportion et le regroupement des semences des affirmations que je désire voir planter en moi.

Par exemple, à la première demi-heure je sème : « **Je me sens bien ici et maintenant, je me sens bien ici et maintenant, je suis en paix avec moi-même, je suis joyeux, je suis en harmonie avec moi-même ici et maintenant. Merci.**»

Après avoir répété mentalement ces 4 affirmations, je fais silence en moi pour les ressentir pendant environ une trentaine de secondes, puis je me remets dans mon activité de l'heure.

À la fin de la deuxième heure, je change la proportion et le regroupement des affirmations de la façon suivante « **Je suis en paix avec moi-même ici et maintenant, je suis en harmonie avec moi-même ici et maintenant, je suis joyeux, je suis joyeux, je suis joyeux, je me sens bien ici et maintenant. Merci.**»

Ce que je ressens dans ce cas précis est subtilement différent de ce que j'ai ressenti dans le premier cas, sur le plan des sensations vibratoires dans toutes les cellules de mon corps.
Par ce jeu, je me suis prouvé que les éléments matériels de toute chose créée comme par exemple, la paix, sont des pensées qui se transforment en sensations physiques.
Pour accentuer délibérément les effets de ce jeu simple mais très efficace, à la fin de la demi-heure de la deuxième heure, je m'arrête et j'affirme ceci : « **Je suis en harmonie avec moi-même ici et maintenant, je suis en harmonie avec moi-même ici et maintenant, je suis en harmonie avec moi-même ici et maintenant, je me sens bien, je me sens bien, je me sens bien. Merci.** »

Même si je vous décris ce que je ressens, à la suite de ces répétitions vous n'en aurez qu'une vague idée, tellement c'est puissant et surtout très délicieux comme sensation physique. Je vous suggère de jouer également à ce jeu très bénéfique.
Vous trouverez en annexe, la liste des différentes affirmations avec la variation des proportions et de leur regroupement.
3-2 Les images mentales de la chose créée.

Je mentionnais précédemment que, en fonction de l'agencement des images mentales par vos pensées, vous en aurez leur photocopie identique.

En fait, ce n'est pas vous qui créez ces images, car d'après les résultats des recherches scientifiques, les images mentales ont, elles même le pouvoir de regrouper les 12 sels minéraux qui se trouvent dans le sang et les cellules du corps humain, et également dans toute matière organique dans la nature. Ces 12 sels minéraux se trouvent dans toute chose créé sur le plan matériel.

La photocopie exacte des images mentales sur le plan matériel est possible, grâce à un phénomène naturel issu de la force vitale des plantes et des animaux, force vitale générée elle-même par un autre phénomène naturel et universel à savoir, **l'évaporation de l'eau sur mer et sur terre**.

Grâce à la saturation des 12 sels minéraux par la force vitale, ceux-ci deviennent sensibles au pouvoir des pensées-mots qui sont imprimés en eux, pensées-mots construits par quiconque accepte **comme vrai ce qui est pensé dans son esprit**.

Concrètement, pour illustrer le concept énoncé je vais me servir des affirmations précédentes.

Je veux me sentir bien, c'est un besoin que j'éprouve et c'est vrai dans mon esprit. Je peux me sentir bien car, de mémoire je me suis déjà senti bien dans d'autres circonstances; cela est également vrai dans mon esprit.

J'affirme que je me sens bien ici et maintenant, et c'est vrai dans mon esprit. Ces affirmations étant des pensées mots, elles s'impriment automatiquement et naturellement dans les 12 sels minéraux qui sont dans mon sang et dans les cellules de mon corps, sous forme d'images qui leur sont jumelles et se manifestent sur le plan matériel en l'occurrence, dans mon corps physique sous forme de sensations vibratoires dans tout mon corps.

Comprenant maintenant, la manière dont opère la fameuse formule rigoureuse, pour compléter la loi de la création sur le plan physique je vais aborder les 5 principes naturels que sont : **La lumière, le son, la saveur, l'odeur, et la sensation.**
Notez que ces 5 principes sont les caractéristiques des 5 organes ou des 5 sens physiques de l'humain:

La lumière, pour la vue, le son, pour l'ouïe, la saveur, pour le goût, l'odeur, pour l'odorat, et la sensation pour le toucher.

Sur le plan matériel, toute formation, toute manifestation, ou toute expression, est constatée par les 5 sens physiques, une fois créée.

Ainsi par exemple, lorsque vous formez des pensées- mots dans lesquelles, vous vous voyez circuler, vivre dans une maison, c'est le principe de **la lumière** que vous mettez en action. Lorsque dans vos pensées-mots, vous imaginez que vous humez le parfum d'une plante ou d'une fleur quelconque, vous faites appel au principe de **l'odeur** ; en

incorporant des pensées-mots dans lesquelles, vous touchez par exemple les meubles dans certaines pièces de la maison, vous faites appel au principe de **la sensation.**

Chapitre 4 : Le Mantra-Pyramide

Charmant est cet outil qu'est le Mantra-Pyramide qui vous permet de réaliser vos désirs, en les faisant danser sur des rythmes vibratoires harmonieux, accompagnés par une musique des sphères numériques de l'univers, grâce à la combinaison soigneusement dosée des lettres et des mots formulés dans vos pensées que je désigne par **pensées mots** dans le cadre de ce livre.

Le Mantra-Pyramide est le secret de la loi de la création de toute chose, parce que son efficacité provient de la manifestation de la loi de la répartition et de regroupement des éléments, sur **le plan physique**.

Dans les chapitres précédents, vous vous demandiez pourquoi une affirmation somme toute habituelle, ou une demande formulée sous forme de requête, dans l'histoire de Mr Mambo par exemple pouvait devenir un Mantra Pyramide.

Vous trouverez la réponse dans le présent chapitre qui sera constitué par les réponses aux 2 questions (Pourquoi ? c'est Quoi ?); les réponses aux autres questions (Comment ? Qui ? Quand ? Où ? Combien ? Feront l'objet des chapitres subséquents.

4-1 Le Mantra-Pyramide, Pourquoi ?

Je pose cette question à plusieurs niveaux, pour pouvoir mieux élucider les réponses. Tout d'abord, pourquoi écrire sur le Mantra-Pyramide? C'est pour démontrer que le Mantra-Pyramide est plus qu'une affirmation ou une quelconque demande, c'est le décret de la loi de la répartition et de regroupement des éléments en général, et de la loi de la création sur le plan physique en particulier. Par ailleurs, quel est le but ou le dessein d'un Mantra Pyramide ?

Son but est de permettre à quiconque connait sa puissance et son pouvoir, de réaliser aisément et simplement tous ses désirs peu importe les contextes et les circonstances de la personne qui s'en sert adéquatement.

Lorsque j'ai commencé d'utiliser cet outil puissant et particulier, compte tenu des circonstances particulières dans lesquelles je me trouvais à l'époque, j'intégrais plusieurs désirs non connexes entre eux au cours de la même séance. Magiquement, j'ai obtenu des résultats surprenants s'agissant de mes contrastes personnels, et des contrastes vécus par des gens de mon expérience de vie humaine (Clients, parents, connaissances.)

Avec le temps, en maîtrisant de plus en plus l'utilisation du Mantra-Pyramide, j'ai allégé mes séances en me focalisant sur des désirs complémentaires et connexes au cours d'une même séance. Bien évidemment, j'éprouve plus de plaisir à opérer de cette façon moins stressante aujourd'hui.

Le dessein du Mantra-Pyramide est donc, de vous permettre de réaliser tout ce que vous désirez, peu importe votre degré de certitude intérieure, du degré de votre foi, de votre degré d'évolution personnelle, que vous soyez en situations de panique, de manque, d'insécurité, ou de joie intérieure.

Son dessein, c'est de vous permettre d'obtenir ce qui vous est personnel, et que vous **vibrez en-dedans de vous**.

Avouez que cela est fantastique !

Pour toutes ces raisons, et d'autres non avouées que vous découvrirez durant votre lecture, le Mantra-Pyramide existe.

Sachez que le Mantra-Pyramide existe pour rendre gloire dans sa magnificence, à la loi de la répartition et de regroupement des éléments, et précisément à la loi de la création sur le plan physique.

J'ajouterai également que le Mantra-Pyramide existe pour compléter merveilleusement, la loi d'attraction ; j'y reviendrai dans les chapitres à venir.

Par ailleurs, durant mes recherches j'ai appris que l'on pouvait utiliser le Mantra-Pyramide pour prédire des évènements du futur. Personnellement, je ne l'ai pas essayé et, je me promets de le faire dans les semaines à venir. Je pourrai donc vous en faire part des résultats obtenus dans ce livre, ou dans l'un de mes prochains livres.

Maintenant, que vous savez pourquoi le Mantra-Pyramide existe, et pourquoi j'écris à son sujet, allons ensemble découvrir c'est quoi un Mantra-Pyramide.

4-2 Le Mantra-Pyramide, c'est Quoi ?

J'ai mentionné dans l'une des pages précédentes que le mot PYRAMIDE, signifie division de 5, ou 5 plus 5, à cause de sa **valeur numérique 10**, comme les 5 doigts de la main, les 5 orteils de chacun de nos pieds, nos 5 sens (la vue, le toucher, l'ouïe, l'odorat, et le goût.)

De plus, compte tenu des composantes de sa valeur numérique le mot PYRAMIDE représente **le principe de la maitrise de l'esprit sur la matière**.

C'est vrai que, lorsqu'on s'arrête un instant pour essayer d'imaginer comment les Égyptiens de l'époque ont pu construire et bâtir les pyramides, il n'est pas surprenant d'apprendre, que cela a été grâce à l'application de la loi de la création, sur le plan physique.

Dans leur esprit, ces Égyptiens ont formé les images de ce qu'ils voulaient à l'aide justement des Mantra-Pyramide et, concrètement sans effort ils ont construit quelque chose de **surhumain**.

Qu'en est-il du mot Mantra ?

La valeur numérique du mot Mantra est le nombre 4 : or, le nombre 4 est le nombre de **la création et de l'organisation**. Ce n'est donc pas un hasard, si Mantra et Pyramide sont associés ensemble.

Lorsque vous combinez, le principe de la maitrise de l'esprit sur la matière, avec le principe de la création et de l'organisation, vous donnez **la vie** à tout ce qui est engendré par cette combinaison qui est en fait, **une formule magique**.

Pour preuve, en additionnant la valeur numérique de Pyramide et la valeur numérique de Mantra, vous obtenez le nombre 5 et le nombre 5, est le nombre de **la vie**.

Pour la petite histoire, sachez qu'en numérologie lorsque deux individus formant un couple vibrent en 1 et en 5, cela représente une solide combinaison, meilleure pour les affaires et pour l'amour. Je fais intentionnellement cette comparaison pour vous dire à quel point, Mantra et Pyramide constituent une solide combinaison entretenue par la musique des nombres.

Concrètement, le Mantra-Pyramide est un outil ou une formule qui imprime d'une manière parfaite dans la matière tout ce qui se trouve dans l'esprit de la personne qui l'a formé.

À chaque fois que toute combinaison de mots ou de lettres s'harmonisent entre eux à cause des nombres qui les composent, cette combinaison devient un Mantra Pyramide.

Ainsi, ce sont les nombres ou précisément les chiffres arabes qui donnent le véritable pouvoir au Mantra Pyramide. C'est la fameuse **musique des sphères numériques** de l'univers dont je faisais mention au début de ce chapitre. Rappelez-vous de ce que la jeune dame de l'histoire du premier chapitre a entendu :

« Laisse tes désirs les plus intimes danser comme ces rayons du soleil sur le lac, et reste confiante qu'ils sont déjà réalisés. Sois dans l'allégresse, à bientôt.»

Un Mantra-Pyramide représente des lettres et des mots qui dansent ensemble avec la musique des nombres qui sont en parfaite harmonie et se marient entre eux.
Un Mantra-Pyramide est un énoncé d'un ou plusieurs désirs, énoncé qui peut prendre la forme, d'une affirmation, d'une prière, d'une requête, d'une demande, d'une question, d'une suggestion, ou autres, formulé avec des mots et des lettres, dont les chiffres et les nombres qui les composent sont en parfaite harmonie entre eux.
Cette parfaite harmonie des nombres constituant les pensées-mots, génère une valeur numérique spécifique et fait de l'énoncé **une formule magique**, qui, utilisée d'une **certaine manière** fait manifester parfaitement le désir énoncé.
Ainsi donc, pour qu'il y ait un Mantra-Pyramide il faut que les mots et les lettres choisis dans l'énoncé du désir possèdent une correspondance numérique favorisant, une valeur numérique bénéfique et porteuse.

Exemple : « Je suis en paix avec moi-même ici et maintenant »
Je = 6 suis = 5 en = 1 paix = 5 avec = 4 moi-même = 1 ici = 3 et = 7 maintenant = 3.

Comme vous pouvez le constater les chiffres qui composent cette affirmation, sont similaires, correspondent entre eux et font d'elle un Mantra-Pyramide, une fois les valeurs numériques sont additionnées.

Dans le chapitre traitant du comment bâtir et comment utiliser un Mantra-Pyramide, vous aurez des détails spécifiques et pertinents qui vous permettront d'**en jouir aisément et simplement**, à votre guise.

J'aime beaucoup l'image des mots et des lettres qui dansent ensemble, car cela traduit bien la définition du mot MANTRA qui se définit par le mot charme; or, le mot charme veut dire **état de séduction.**

Pour que les mots et les lettres soient en état de séduction les uns par rapport aux autres, pour que les mots et les lettres se séduisent, il faut que les chiffres et les nombres qui les composent favorisent cet état de séduction, par la musique qu'ils produisent. L'exemple mentionné ci-dessus en est un cas concret.

Pour illustrer c'est quoi, un Mantra-Pyramide voici une histoire.

«Le cavalier et la cavalière, parfaits.»

C'est l'histoire d'un groupe de six copains, de 3 jeunes hommes et de 3 jeunes filles tous dans la, mi vingtaine qui organisent assez souvent des « surprises party» pour créer des occasions de danser, et développer **si possible** leur affinité réciproque. Ce sont donc des jeunes qui veulent partager leurs intérêts pour la musique et la danse et qui ont la joie de vivre.

Fraichement arrivés sur le marché de l'emploi, ils n'ont pas de sérieuses obligations ou responsabilités et sont à la recherche de leur âme-sœur; leur soirée de danse leur servant de moyen pour y arriver.

À la fin de chaque semaine de travail, plus précisément, les vendredis et les samedi soirs, ou bien ils se réunissent dans les appartements d'un du groupe ou ils vont dans des discothèques de leur quartier pour aller danser. Durant les soirées de danse, ils dansent de façon rotative entre eux, tantôt telle cavalière, tantôt telle autre. D'une manière non avouée ou du moins non explicite, 3 couples d'amoureux essaient à chaque soirée de se former.

Dépendamment, du rythme de la musique qui se joue, tel garçon invite telle fille et vice-versa d'une manière rotative. Un soir, alors que l'on jouait du **sou cous** qui est une musique africaine typique de la République démocratique du Congo(Zaïre) un seul couple s'est vraiment formé et les 4 autres copains dansaient de façon solitaire sans porter trop d'attention aux uns et aux autres.

Après cette musique qui a en fait harmonisé le 1er couple du groupe, au rythme latino-américain plus précisément cubain, le même phénomène s'est produit, donnant naissance à un 2e couple.

Ce soir-là, les intérêts pour la danse se sont enrichi des intérêts plus affectueux pour les jeunes hommes et les jeunes filles des deux couples formés.

Cette harmonie naissante provient de la correspondance vibratoire du rythme musical, en affinité avec les cellules et les fibres des individus concernés, qui a créé un état de séduction entre les membres des jeunes couples.

Ainsi, par analogie, les deux couples formés représentent les désirs, les soirées de danse peuvent être comparées aux pensées-mots, et la musique avec les différents rythmes, sont les nombres ou les chiffres arabes dans le cas d'un Mantra-Pyramide.

La variation des rythmes musicaux a agi sur les 2 couples, comme la variation des nombres agit sur les pensées-mots. Elle déclenche en somme le processus magique d'attirance et de séduction.

RÉVÉLATION

Alors que je m'apprête à conclure le présent chapitre, je viens de recevoir une nouvelle révélation que je ne peux m'empêcher de partager avec vous, en primeur. Je vous ai mentionné précédemment que l'on peut utiliser le Mantra Pyramide pour connaitre les évènements du futur, et que j'allais le faire dans les prochaines semaines.

Non, je ne l'ai pas encore fait mais, intuitivement j'ai eu l'idée de formuler un Mantra-Pyramide pour connaitre le passé, plus précisément le passé entourant la construction des pyramides d'Égypte, aujourd'hui mardi, 30- 06-2009. Voici le Mantra-Pyramide formulé, et voici la réponse :

«Je veux connaitre, le Mantra-Pyramide des bâtisseurs des pyramides d'Égypte. Merci.»

Dans l'enthousiasme qui m'imprègne tout au long de l'écriture de ce livre, à peine 1 heure plus tard la phrase m'est soufflée intérieurement, et la voici : «Nous avons érigé ici et maintenant, un temple parfait. » Je mis par écrit la phrase reçue pour en connaitre sa valeur numérique globale ainsi que la valeur numérique des mots qui la composent comme suit :

Nous = 6, avons = 8, érigé = 8, ici = 3, et = 7, maintenant = 3, un = 8, temple = 8, parfait = 8.

Je suis stupéfait par la similarité des nombres qui composent cette phrase divinement reçue ce jour, et je ne peux que constater que c'est un Mantra-Pyramide.

Ce qui me rend encore plus excité, c'est de constater que la phrase est au passé. Ces bâtisseurs plus que convaincus, ont considéré que le temple était déjà érigé avant même qu'ils ne commencent à le faire physiquement. WOW ! Le Mantra-Pyramide peut être, un énoncé formulé au passé, au présent, et au futur ; je viens d'avoir la preuve concrète. Pour le futur, je vous en donnerai des nouvelles, c'est promis.

Je veux mentionner ici, compte tenu du beau cadeau que je viens de recevoir ce 30 juin 2009 qui, soit dit en passant est un jour d'anniversaire spécial pour moi, que pour construire un Mantra-Pyramide, il faut prendre le temps de bien choisir les mots qui le composent, afin d'avoir le résultat que vous voulez.

Dans ce cas d'espèce que je viens de vivre **en instantané réel**, ce n'est pas moi qui ai choisi ni les mots, ni la phrase, c'est mon Ami intérieur invisible, branché directement sur l'Univers(DIEU).

Je me permets ici et maintenant, de m'arrêter pour remercier mon Ami intérieur invisible et l'Univers(DIEU) de m'avoir fait cette révélation si formidable.

Vous venez d'avoir les réponses aux questions, pourquoi? et quoi ?du Mantra-Pyramide. Avant de clore ce chapitre, faisons un récapitulatif précisément du quoi, pour que le prochain chapitre vous soit plus clair, compréhensible, et surtout pratique.

Retenez :

Un Mantra-Pyramide est un énoncé d'un ou de plusieurs désirs, énoncé qui peut être formulé au passé, au présent, et au futur.

Cet énoncé est une combinaison de mots ou de lettres qui sont harmonisés entre eux par la variation des nombres et de chiffres leur correspondant.

Un Mantra-Pyramide est donc, un outil, une formule, composée par des pensées-mots qui se concrétisent en des images mentales grâce aux nombres et aux chiffres.
Comment, bâtit-on un Mantra-Pyramide ?

Comment utilise-t-on efficacement un Mantra-Pyramide ?
Tel est l'objet du prochain chapitre

Chapitre 5 : Le Mantra-Pyramide, c'est comment ?

Photos numérisées, sur lesquelles les personnages photographiés sont en train de danser, dans une ambiance parfaite d'harmonie, tels sont les détails des caractéristiques d'un Mantra-Pyramide. Ces photos reflètent ce qui se passe sur le plan spirituel, et correspondent à ce qui se passe sur le plan matériel. Tout ce qui est en haut, est comme tout ce qui est en bas, sur la terre comme au ciel.

Vous savez maintenant, qu'un Mantra-Pyramide est une combinaison de lettres et de mots, unis et en parfaite harmonie entre eux grâce à la variation des nombres qui les constituent.

5-1- **Comment bâtir un Mantra-Pyramide?**

C'est simple et, considérez-le comme un jeu amusant car, nous sommes tous sur la terre pour jouer et expérimenter la joie au quotidien.

Pour les avoir expérimenté, et, analysé, je vous présente en annexe, une liste de plusieurs Mantra-Pyramide prêts à être utiliser dans toutes les différentes sphères de l'expérience de vie humaine, allant de la paix intérieure, aux relations humaines, à la santé, à l'argent, à l'abondance infinie, etc.

Vous pouvez les garder comme tel, ou les modifier et les adapter à votre désir personnel, selon le rythme musical auquel vous voulez qu'il danse. Par expérience et d'après les résultats de mes recherches, je sais que la majorité si non la quasi-totalité des énoncés des désirs sont potentiellement, des Mantra-Pyramide ; tant et aussi longtemps qu'ils sont formulés positivement.

Le jeu auquel je vous convie dans ce chapitre-ci et dans les autres chapitres du livre que vous lisez en ce moment, c'est de vous faire prendre conscience de cet état de fait pour que, en individu averti, vous puissiez simplifier la réalisation de vos désirs légitimes.

Pour bâtir un Mantra-Pyramide, vous avez besoin des 26 lettres de notre alphabet, et des 10 chiffres arabes.

- [] Tout d'abord, identifiez le désir que vous voulez voir se réaliser, et formulez le avec vos mots choisis intentionnellement.

- [] Mettez par écrit l'énoncé formulé.

- [] Vérifiez et déterminez, la correspondance numérique des lettres et des mots de votre énoncé.

- [] Assurez-vous, pour qu'il y ait plusieurs lettres et mots ayant une correspondance numérique semblable et similaire.

[] Une fois tout cela est fait, vous avez en mains votre Mantra-Pyramide prêt à être utiliser.

LES 26 LETTRES DE L'ALPHABET, VERSUS LEUR CORRESPONDANCE NUMÉRIQUE (**Voir en annexe**)

Sans vouloir faire de vous des spécialistes en numérologie, sachez qu'après le nombre 10, tous les autres nombres se réduisent à leur chiffre initial. Ainsi, 11=1+1=2, 12=1+2=3, ainsi de suite. Vous trouverez la suite en annexe.

À propos de ce charabia des lettres et des chiffres que vous êtes en train d'expérimenter, j'ai une anecdote à vous raconter.

Vous vous rappelez, au début de ce livre j'ai mentionné que le livre qui m'a été offert par un ami et frère spirituel, je le trouvais rébarbatif.
Pour quelle raison ? À cause justement de ce charabia de lettres et de chiffres lorsque je l'ai feuilleté, je me suis dit, voyons, je n'ai pas de temps à perdre, ce que je veux c'est

de trouver **une potion magique** pour me tirer du bourbier dans lequel je me trouvais.

Ironie du sort, avant même que je ne reprenne ce fameux livre avec son charabia de lettres et de chiffres, j'ai obtenu un Diplôme en Parapsychologie au terme d'une formation à distance de plusieurs mois, avec concentration **numérologie** en 1998. Durant mes interventions au sein des entreprises, en ma qualité d'Expert-Consultant-Facilitateur j'utilisais la numérologie pour accompagner mes clients, alors que j'avais dans ma bibliothèque un trésor caché que je partage avec vous maintenant. Voyez-vous, par la numérologie appliquée qui est l'une de mes passions, j'aidais des clients à mieux se connaitre pour mieux relever les différents défis qu'ils avaient personnellement ou professionnellement. Pendant ce temps, j'ignorais que j'ai en ma possession le livre dans lequel se trouve le secret de la loi de la création, qu'est le Mantra-Pyramide.

Vous n'avez pas besoin de comprendre la numérologie, pour savoir comment bâtir un Mantra Pyramide. Tout ce que vous avez à savoir, c'est de prendre soin de choisir les lettres et les mots de l'énoncé de votre désir afin qu'ils se marient et dansent merveilleusement bien ensemble, grâce à leur nombre respectif.

Bâtissons ensemble quelques Mantra-Pyramide, si vous le voulez bien.

Mantra-Pyramide : Affirmation

- Votre désir : La recherche de la paix intérieure.

- Votre énoncé du désir « Je suis en paix avec moi-même ici et maintenant.»

- Vérification de la correspondance numérique des lettres de l'énoncé :

Je = 1+5 = 6, suis = 1+3+1 = 5, en = 5+5 = 10 = 1+0 = 1, paix = 7+1+9+6= 23= 5, avec = 1+4+5+3 = 13 = 1+3 = 4, moi = 4+6+9 = 19 = 1+9 = 10 =1+0 = 1, même = 4+5+4+5 = 18 = 1+8 = 9, ici = 9+3+9 = 21 =

2+1 = 3, et = 5+2 = 7, maintenant = 4+1+9+5+2+5+5+1+5+2 = 39 = 3+9 = 12 = 1+2 = 3.

- Détermination de la valeur numérique des mots de l'énoncé :

Pour déterminer la valeur numérique des mots, il suffit d'additionner la correspondance numérique des lettres, comme présenté ci-haut. Ainsi la valeur numérique des mots de l'énoncé est :
Valeur numérique de Je = 6, suis = 5, en = 1, paix = 7, avec =4, moi = 1, même = 9, ici = 3, et = 7, maintenant = 3.
Jusqu'ici, nous n'avons que la valeur numérique de chaque mot de l'énoncé qui demeure toujours une simple affirmation.
Dès que vous additionnez, la valeur numérique de tous les mots de l'énoncé, vous transformez l'affirmation en faisant d'elle un Mantra-Pyramide, en les plaçant de cette façon :

Je suis en paix avec moi-même ici, et maintenant

6 + 5 + 1 + 7 + 4 + 1 + 9 +   3 + 7 + 3
Votre Mantra-Pyramide est prêt à être utilisé.
Avant de décrire comment utiliser un Mantra-Pyramide, nous allons en bâtir d'autres. Toutefois, ce serait profitable pour vous d'analyser quelque peu le Mantra-Pyramide que nous venons de bâtir.

Sur les 10 mots qui forment le Mantra-Pyramide, 6 mots dansent harmonieusement entre eux et, ce sont les mots : en(1) **avec** moi(1), paix(7) **avec** et(7), ici(3) **avec** maintenant(3).

Vous pouvez si vous le voulez, raffiner le jeu en choisissant d'autres combinaisons de lettres afin d'avoir la totalité des mots qui dansent entre eux ; sachez que cela n'est pas nécessaire.

En autant que plusieurs mots de votre énoncé (Mantra Pyramide) sont similaires et dansent ensemble grâce à leur valeur numérique, tout est parfait s'il est utilisé **d'une certaine manière**.

Pour vous rassurer, voici une autre anecdote.

Anecdote

Lorsque j'ai commencé à apprendre à bâtir les Mantra Pyramide, je voulais absolument des mantra-pyramide parfaits. Peine perdue, puisque dans plusieurs circonstances où je formulais mes énoncés de désirs, je n'avais pas le temps de m'attarder à cette perfection, étant donné que je devais absolument résoudre un ou des problèmes pour moi ou pour autrui. Sans cette perfection obtenue, j'utilisais quand même avec succès, le mantra pyramide que je bâtissais.

Puis un jour, en voulant bâtir un mantra-pyramide spécifique, ayant plus de temps à y consacrer, je constate que plusieurs lettres des mots de mon énoncé sont similaires par leur nombre entre eux mais, une fois l'addition des nombres terminée pour en faire le mantra pyramide, ces nombres s'évaporaient dans leur réduction, nécessaire à la naissance d'un mantra-pyramide.

J'ai donc compris que, plus les lettres des mots de l'énoncé dansaient harmonieusement entre eux, plus il y a plus de probabilités d'avoir plusieurs mots qui dansent entre eux, par leur valeur numérique ; mais pas nécessairement leur totalité.

Pour vous prouver ce fait, je me suis amusé à observer la danse des lettres du Mantra-Pyramide que nous venons tout juste de former et voici le résultat : Dans « Je suis en paix avec moi-même ici et maintenant », il existe

- 1, 1, 1, 1, 1, 1, (six fois)

- 2,2, (deux fois)

- 3,3, 3, (trois fois)

- 4, 4, 4, 4, 4, (cinq fois)

- 5, 5, 5, 5, 5,5, 5, 5, 5, (neuf fois)

- 6, 6, (deux fois)

- 7, (une fois)

- 9, 9, 9, 9, 9, (cinq fois).

Comme vous le constatez, les lettres dansent harmonieusement bien sur le rythme musical de 1, 2, 3, 4, 5, 6, 7, et 9 ; rythme musical qui se raffine dans les mots retenus et formés par le Mantra-Pyramide proprement dit soit, 1, 3, et 7.

Ce qui retient également mon attention dans cette formulation, c'est l'association entre les mots définitifs du Mantra-Pyramide à savoir : en **et** moi, paix **et** avec, ici **et** maintenant.

N'est-ce pas l'essentiel de votre désir ?

Vous venez de constater encore une fois la maitrise du pouvoir de l'esprit sur la matière, en ce sens que vous avez formulé votre désir et le Mantra-Pyramide s'est chargé du reste en beauté, en le précisant comme suit :

« **EN MOI, PAIX AVEC, ICI MAINTENANT.** » La loi de la création est vraiment magnifique.

Mantra-Pyramide : Demande

- Votre désir : Connaitre la vérité sur un sujet précis.

- L'énoncé de votre désir : « Je veux connaitre le mantra-pyramide des bâtisseurs des pyramides d'Égypte »

- Vérification de la correspondance numérique :

Je = 1+5 =6, veux = 4+5+3+6 = 18 = 9, connaitre =
3+6+5+5+1+9+2=9+5 = 31 = 4, le = 3+5 = 8, mantra-
pyramide = 4+1+5+2+9+1 = 22 =
7+7+9+1+4+9+4+5 = 46 = 10 = 1, des = 4+5+1 = 10 = 1,
bâtisseurs = 2+1+2+9+1+1+5+3+9+1 = 34 = 7, des = 4+5+1 =
10 = 1, pyramides = 7+7+9+1+4=9+4+5+1 = 47 = 11 = 1+1 =
2, d' = 4, Égypte = 5+7+7+7+2+5 = 33 = 6.

- Valeur numérique de l'énoncé :

Je = 6, veux = 9, connaitre = 4, le = 8, mantra =4, pyramide =
1, des = 1, bâtisseurs = 7, des = 1, pyramides = 2, d' = 4,
Égypte = 6.

- Création du Mantra-Pyramide

Je veux connaitre le mantra-pyramide des bâtisseurs des
pyramides
6 + 9 + 4 + 8 + 4 + 1 + 1 + 7 +1 + 2

D'Égypte

+ 4 + 6.

Voilà, votre Mantra=Pyramide est formé prêt à être
utiliser.
Sur les 12 mots du Mantra-Pyramide, 8 dansent
harmonieusement bien entre eux. Ce sont les mots :
Connaitre(4), mantra(4), et d'(4), pyramide(1), des
(1), et des(1), je(6) et Égypte(6).

Que constatez-vous à nouveau ?

C'est comme si la loi de la création réduisait le désir à sa plus simple nature, qui peut se lire comme suit : « Connaitre mantra-pyramide d'Égypte. »
Tel était mon sincère désir, lorsque je l'ai formulé et la loi de la création me le rend encore plus précis, une fois le désir devenu Mantra-Pyramide.
Vous vous rappelez, au début du livre je mentionne qu'en fait ce n'est pas nous qui formons les images mentales mais, c'est plutôt le Mantra-Pyramide. Vous venez d'avoir une démonstration, n'est-ce pas ?
Vous formulez le désir, vous bâtissez le Mantra Pyramide, et le Mantra-Pyramide raffine merveilleusement le désir, conforme à la loi de la création. C'est aussi simple que cela !

Mantra-Pyramide : Supplication.
Le troisième et dernier mantra-pyramide que nous allons bâtir, est un désir de supplication auprès du Divin en vous que vous pouvez appeler comme vous vous voulez. Pour le jeu et pour mon bien-être personnel, je vais utiliser DIEU que vous pouvez remplacer par Univers par exemple si tel est votre désir.

- Votre désir : Recevoir une aide spécifique vitale.

- L'énoncé de votre désir : « Ô mon Dieu, viens à mon aide. Merci. »

- Vérification de la correspondance numérique de l'énoncé :

O = 6, mon = 4+6+5 = 15 = 6, Dieu = 4+9+5+3 = 21 = 3, viens = 4+9+5+5+1 = 24 = 6, à = 1, mon = 4+6+5 = 15 =6, aide = 1+9+4+5 = 19 = 1+9 = 10 = 1, merci = 4+5+9+3+9 = 30 = 3.

- Valeur numérique de l'énoncé :

  Ô = 6, mon = 6, Dieu = 3, viens = 1, à = 1, mon = 6, aide = 1, merci = 3.

- Création du Mantra-Pyramide :

  Ô mon Dieu, viens à mon aide. Merci.
  6 + 6 + 3 +   1 +   1 + 6 + 1 + 3.

  Quelle belle surprise agréable ! Nous venons de bâtir un Mantra-Pyramide plus que parfait, puisque les 8 mots dansent merveilleusement et harmonieusement entre eux soit : Ô(6), mon(6) et mon(6), Dieu(3) et merci(3), viens(1), à(1) et aide(1). Même en enlevant, le premier **mon**, le Mantra-Pyramide demeure encore plus que parfait ; tout Mantra-Pyramide étant parfait dans son essence.

5-2 Comment utiliser un Mantra-Pyramide ?

Réponse simple à une question simple, l'utiliser comme l'exige la loi de la création.

Quelles sont les exigences de la loi de la création par rapport à l'utilisation du Mantra-Pyramide ?

Elles se situent dans la méthode(le comment du comment), le qui, le où, et le quand utiliser un mantra pyramide.

Ainsi donc, considérez que le reste de ce livre va être consacré au **comment**, en interaction directe avec les différents types d'utilisateur, le lieu d'utilisation, le temps d'utilisation (période, fréquence, durée), avant d'être finalisé par le **combien** du mantra-pyramide qui sera en quelque sorte, **la cerise sur le gâteau**.

Dans la présente partie, je n'aborde que la méthode préconisée pour utiliser d'une certaine manière, le mantra-pyramide.

L'efficacité d'un outil quel qu'il soit dépend de la manière d'utilisation de cet outil, et le mantra pyramide n'en est pas une exception ; voici la méthode préconisée.

Idéalement :

- Connaissant par cœur le contenu de votre Mantra Pyramide, retirez-vous dans un endroit approprié, répétez le contenu 3 fois consécutives, méditez-le, pendant 10 à 15 minutes chaque jour jusqu'à ce que votre désir se réalise et devienne manifesté dans votre vie personnelle.

- Patientez, et soyez certain d'obtenir le résultat que vous voulez, et vous l'obtiendrez vraiment.

Lorsque cela fait maintenant plusieurs jours, voire plusieurs semaines que vous êtes aux prises avec un contraste qui n'en finit pas de vous causer des soucis, avouez qu'une telle méthode suggérée vous paraitra enfantine et, en même temps incroyable, n'est-ce pas ? Dans mon cas, ce fut ma première réaction, réaction que je vous présente dans cette anecdote.

Anecdote

Au début de l'utilisation de la méthode préconisée, l'ayant pratiqué à la lettre pour un désir bien spécifique qui devrait se matérialiser dans les plus brefs délais selon mon point de vue, n'ayant pas obtenu le résultat souhaité, loin de vouloir douter de l'efficacité du Mantra-Pyramide formé pour ledit désir, ma curiosité de chercheur s'est aiguisée pour comprendre l'essence de la méthode d'utilisation du mantra-pyramide telle que préconisée.

Entre-temps, dès que j'ai choisi de mieux comprendre l'essence du comment du comment utiliser le mantra pyramide, mon désir non réalisé, s'est soudainement manifesté sous une autre forme que je n'avais pas envisagée auparavant.

Il fallait que cela arrive de cette façon pour que je découvre la profondeur de la loi de la création dans ce comment utiliser le mantra-pyramide ; profondeur que j'ai l'immense plaisir de partager avec vous en ce moment. C'est de cette profondeur dont je vais vous entretenir dans les prochains chapitres.

CHAPITRRE 6 : Comment du Comment : La trinité des répétitions

« Tout objet qui est posé sur un support ayant 3 pattes, ne peut jamais trébucher. »

Cette affirmation qui est en fait un proverbe togolais, est un mantra-pyramide qu'utilisait un fermier dans mon coin de pays d'origine(Togo), pour m'expliquer le secret de ses succès de chasse aux gibiers, et de ses récoltes abondantes des produits vivriers de son exploitation agricole. Ce fermier, c'était un de mes grands cousins que j'allais visiter durant la période de mes grandes vacances lorsque j'étais jeune adolescent, et que je vivais au Togo.

Durant les quelques jours que je passais avec lui et sa famille (ses femmes et ses enfants), j'étais toujours stupéfait de le voir revenir de chasse avec au moins 2 ou 3 gibiers bien dodus, sans compter les nombreux canards sauvages tués qu'il trimbalait pour l'occasion, dans sa charrette des produits vivriers (mais, riz, haricot, sorgho, ignames, etc.)

Les parcelles de son champ agricole étaient subdivisées et identifiées en fonction de ses produits vivriers. En observant et en comparant, les produits de son champ avec ceux des autres fermiers du village, j'étais toujours subjugué par la différence avantageuse qui allait à son crédit d'exploitant agricole hors pair.

Un soir, après m'avoir montré non sans fierté ses succès que les autres admiraient sans aucune apparence de jalousie, lorsque nous sommes revenus dans sa maison, il me demande si je voulais connaitre le secret de sa réussite ; la réponse n'a pas tardé, c'est oui.

C'est alors, qu'il me répète cette phrase « Tout objet qui est posé sur un support ayant 3 pattes, ne peut jamais trébucher, oh non, jamais, me martèle-t-i, que ce soit, un tabouret, une table, un fourneau de 3 roches, etc. »

D'après lui, cette affirmation est une formule magique qu'il répète par moment depuis le lever du soleil, jusqu'à la tombée de la nuit. Il m'expliquait qu'à chaque jour, avant qu'il n'aille au champ pour aller semer, désherber, ou entretenir ses produits vivriers, ou avant qu'il n'aille à la chasse, il parlait tout haut à son Dieu créateur en ces termes :

« Tout Puissant, j'ai une nombreuse famille à nourrir et je veux que tous les miens aient toujours en tout temps, ce dont ils ont besoin. J'en suis leur responsable. Donne-moi toutes les meilleures récoltes vivrières qui soient dans mon champs, et met toujours sur mon sentier de chasse, les plus beaux gibiers qui existent dans ma région et dans ses environs. Merci Tout Puissant. »

Après avoir fini de prononcer cette prière qui lui est toute personnelle, mentionne-t-il, il passe le reste de sa journée à répéter sa formule magique en vaquant à ses occupations journalières, toujours dans la bonne humeur.

Comme pour m'en convaincre, à la fin de son explication sur le secret de sa réussite, il prit 3 roches de pierres rectangulaires qu'il plaça en forme de triangle pour former un fourneau traditionnel typique de son coin de pays, et posa un bol d'eau là-dessus. Le bol d'eau était en équilibre parfait.

Puis, volontairement il enleva l'une des roches pour me faire constater que le bol ne pouvait plus être en équilibre. Je me rappelle de cette histoire comme si c'était hier, puisque après plus de 3 décennies plus tard, je me sers de cette formule de mon grand cousin avec une certaine adaptation, au vu de mon évolution personnelle.

Cette histoire, je vous la raconte en lien direct avec la trinité des répétitions d'utilisation d'un mantra-pyramide. **Pourquoi répéter 3 fois consécutives le mantra pyramide que vous avez bâti ?** Selon mes investigations dans mes recherches, j'en suis arrivé aux conclusions suivantes.

- Toute manifestation dans le monde matériel est toujours le 3e élément qui provient de la combinaison de 2 autres éléments précédents. Toute action est précédée d'une pensée, qui elle-même provient d'une idée (désir).

-   Répéter 3 fois consécutives le mantra-pyramide est un décret de la loi de la création, puisque le nombre 3 représente, à la fois **la trinité et la perfection**.

S'agissant de la trinité des répétitions du mantra, je vais l'illustrer par les éléments suivants.

Premièrement, dans l'exemple de mon grand cousin fermier et exploitant agricole, chaque matin il formulait sa demande par sa prière personnelle à son Dieu créateur.

Confiant que sa demande est déjà entendue par son créateur, il poursuivait sa journée en répétant sa formule magique pour s'auto-motiver et pour renforcer sa confiance.

Dans le cas de ses périodes de chasse, il tuait abondamment de bêtes sauvages, et dans le cas de ses produits vivriers, il récoltait les meilleurs produits qui soient.

Je ne peux donc que constater que mon grand cousin respectait le processus de la création qui est constitué par les 3 étapes que sont :

-   La demande
-   La réponse
-   La réception

Ainsi, pour que toute chose soit créée il faut en faire la **demande** à l'Univers(Dieu).

L'Univers ayant entendu la demande, **répond** instantanément.

Puis, nous **recevons** au moment approprié, ce que nous avons demandé.

Le processus de création étant fondé sur le concept de la trinité, il est naturel que la répétition du mantra-pyramide respecte ce concept, qui lui-même obéit à la loi de la création, comme je vous l'ai présenté dans l'un des chapitres précédents.

Deuxièmement, sur le plan psychologique des études ont démonté que pour faire taire notre « mental » qui joue un peu trop souvent au gardien du seuil, au régisseur, ou au censeur, lorsque nous osons vouloir accéder à quelque chose de grand et d'extraordinaire, très souvent de beau, il nous faut lui administrer la formule des « **3 fois ma conviction** ».

Cette formule consiste à répéter 3 fois consécutivement un même désir, ou une même volonté comme dans l'histoire suivante.

Le maitre, et son pseudo-conseiller de vie.

Dans un grand palais royal, régnait un maitre richissime propriétaire de plusieurs flottes de bateaux de pêche grâce auxquelles il employait des centaines d'ouvriers et d'employés très loyaux. Pour se faire aider dans ses prises de décisions commerciales, il avait à son service un conseiller très cultivé et très instruit sur de nombreux phénomènes marins et commerciaux. Le maitre lui-même étant également très cultivé et très instruit en la matière faisait presque toujours confiance à son conseiller par rapport surtout à des décisions logiques et rationnelles concernant les marins-pêcheurs et leurs activités en haute mer.

Un jour, de retour d'une partie de pêche en haute mer qui a duré plusieurs semaines, les marins-pêcheurs informent l'intendant principal du Maitre de palais, qu'il existerait une île splendide de l'autre côté de la mer.

D'après leurs sommaires observations, ils pensent qu'un petit groupe de gens apparemment d'une autre civilisation, y résident et sembleraient avoir le désir d'entrer en communication avec d'autres gens, et que leurs équipements paraissaient plus modernes que ceux du Maitre du palais.

Ils demandent donc à l'intendant d'informer le maitre pour qu'ils aillent sur cette île si magnifique.

Aussitôt informé, le maitre du palais très fébrile fait appeler son conseiller de vie. Il informe son conseiller de ce qu'il sait et veut son avis sur son intention d'envoyer les marins-pêcheurs du palais sur la fameuse île.

Le conseiller après quelques minutes de réflexions silencieuses, comme il en a l'habitude, défend au maitre du palais de prendre une telle décision sous prétexte que, c'est une autre civilisation inconnue, possédant des équipements plus modernes et donc susceptible de les envahir en faisant appel à d'autres personnes de leur soit disant nouvelle tribu inconnue.

Qui plus est, le conseiller prétend que le maitre du palais étant une trop gentille personne n'aura pas assez d'autorité sur les membres de cette île, advenant qu'ils voudraient avoir une quelconque protection du palais. **Le conseiller brandit donc au maitre du palais, la peur de l'inconnu, la peur d'envahissement, et la peur de n'être pas à la hauteur.**

Le maitre du palais dit au conseiller qu'il a pris note de ses analyses et, qu'il l'informera de sa décision définitive quelques heures plus tard, et le laisse retourner à ses autres occupations.

Demeuré seul, le maitre du palais dans une de ses rares introspections mentales, se demanda intuitivement : « Si pour une fois, je laissais mon cœur me guider, quelle serait ma décision ? »

Suite à cette question, le maitre du palais tomba dans un état de rêveries éveillées et commença à laisser libre cours son imagination....

Une nouvelle civilisation inconnue! Une nouvelle culture! De nouveaux échanges! De nouvelles connaissances! De nouvelles opportunités de se développer! Qui sait peut-être que nous pourrions découvrir de nouvelles îles magnifiques, paradisiaques, quelle beauté ce sera, j'anticipe l'avenir plus rayonnant pour mon palais et pour cette nouvelle île.

C'est décidé, nous allons rentrer en contact avec les membres de cette île, qu'il n'en plaise ou non à mon conseiller.

Sorti de son état de rêveries qui a duré moins d'une heure alors que cela paraissait une éternité au maitre du palais, celui-ci fit immédiatement appeler de nouveau son conseiller pour lui dire sans détours :

« Nos hommes iront demain très tôt sur l'île. Je vais entrer en contact avec le chef des membres de l'île pour savoir ce qu'ils veulent et voir comment je peux leur être utile, pour une relation harmonieuse entre nos deux communautés. **C'est ma décision.** »

Le conseiller, sur un ton ferme mais blagueur rétorqua : « C'est du bluff ! Vous n'allez quand même pas prendre un tel risque je l'espère ? »

Le maitre du palais à nouveau sur un ton inhabituel et insistant, répéta : « **C'est ma décision, c'est ma décision.**»

Le conseiller cette fois-ci perdit sa voix et dit mentalement « Il a l'air décidé et il semble savoir ce qu'il veut et pourquoi il le veut. Ce n'est pas un bluff. »

Alors que le conseiller, sorti de ses émotions, voulut balbutier quelques mots, le maitre du palais plus que sûr de lui, affirma : « **C'est ma décision, c'est ma décision, c'est ma décision, et c'est irrévocable.**»

Sonné, le conseiller sortit de son engourdissement et abdiqua en affirmant solennellement « **Votre décision est un ordre, véritable Maitre.** »

Le conseiller sur l'ordre du maitre du palais fit venir l'intendant du palais à qui le maitre ordonna d'envoyer sur l'île ses meilleurs hommes avec une lettre écrite cachetée d'invitation d'harmonisation des deux communautés, si tel est le désir des membres de l'île.

Quelques semaines plus tard, les deux communautés sont en étroite collaboration dont les impacts dépassaient les rêves les plus fous du maitre du palais et de ses commettants, y compris de son conseiller.

Depuis lors, le conseiller en plus d'appeler le Maitre du palais, **Sa majesté**, il ajoute dorénavant spontanément, **Véritable Maitre**.

Il est clair que dans cette histoire, le conseiller n'est nul autre que **le mental** du maitre du palais, et que la leçon de l'histoire nous est tous applicable, dans l'expérience de notre vie quotidienne.

Répétez 3 fois à votre mental ce que vous voulez, et il va se taire et obéir comme un chien obéit à son maitre.

Alors, répéter 3 fois le mantra-pyramide obéit à la même loi de la trinité.

S'agissant de la perfection du nombre 3, considérant que parfait signifie, sans défaut, excellent, la démonstration nous est donnée par la valeur numérique de tout Mantra-Pyramide.

Prenons par exemple, le Mantra-Pyramide «Je suis en paix ici et maintenant » que nous avons bâti précédemment. Nous avons constaté que les mots qui dansaient harmonieusement entre eux, constituent l'essentiel du désir, à savoir « En moi, paix avec, ici et maintenant ».

Souvenez-vous de votre désir, c'est « la recherche de la paix intérieure». En reformulant l'essentiel de ce Mantra=Pyramide, vous pouvez avoir comme énoncé ceci : **Paix en moi, ici et maintenant, ou Paix avec moi ici et maintenant.** Cet énoncé est excellent, sans défaut, donc parfait.
Le fait de répéter 3 fois consécutives, ce qui est déjà parfait en essence renforce cette perfection, et donc facilite la manifestation de votre désir.

Est-ce qu'il faut s'en tenir seulement aux 3 fois consécutives ? Peut-on augmenter le nombre de répétition ? Est-ce que cela peut accélérer la manifestation de votre désir ? Vous trouverez les réponses à ces questions et à d'autres, dans le prochain chapitre

CHAPITRRE 7 : Le Mantra-Pyramide, c'est Quand ?

Instantanée, est la réponse de l'Univers (Dieu) à toute demande qui lui est formulée. Ainsi, logiquement tout Mantra-Pyramide une fois utilisé comme décrit précédemment devrait amener automatiquement, la manifestation du désir contenu dans ledit Mantra Pyramide.

Le temps, tout comme les autres principes que sont, la conscience, l'espace, la vie, et l'esprit, est un principe éternel qui entre inévitablement dans le processus de la loi de la création, à cause justement des 5 sens physiques de l'humain.

Illusoire, est l'existence de ces 5 principes éternels, illusion entretenue par les 5 sens physiques de l'homme.

Aujourd'hui, avec les résultats des recherches de la physique quantique il est admis que, ni le temps, ni l'espace, n'existent ; pas plus que la conscience, l'esprit, et la vie. Ces 5 principes sont une pure création de l'être humain dans son expérience terrestre par l'intermédiaire de ses 5 sens physiques.

En principe, tout désir formulé est réalisé immédiatement puisque l'Univers répond instantanément. En attendant de redevenir parfait, comme le Divin en chacun de nous pour pouvoir accomplir excellemment, un tel processus, nous devons composer avec ces 5 principes éternels si possibles, en connaissance de la loi de la création.

Ainsi, la durée, la fréquence, et la période d'utilisation du Mantra-Pyramide suggérées, le sont en fonction de la loi de la création

7-1 La durée et la période d'utilisation du Mantra Pyramide.

Vous avez appris dans le chapitre précédent, qu'il faut consacrer environ 10 à 15 minutes chaque jour au mantra pyramide, jusqu'à l'obtention du résultat voulu. Est-ce que ce sont des minutes arbitraires, ou bien la durée préconisée est-elle en lien avec la loi de la création ?

Pour ma part, j'ai opté pour le lien avec la loi de la création étant donné que le mantra-pyramide est **à méditer. Qui dit méditation, dit silence, dit intériorisation.**

Par expérience, je sais que la **force** énergétique que le **silence méditatif** génère, procure **victorieusement** la **réalisation** de tous les désirs entretenus par le mantra pyramide.

- **Silence = Force**

- **Force = Victoire**

- **Victoire = Réalisation** - **Réalisation = Manifestation.**

C'est donc à partir de cette logique de la loi de la création ci-dessus présentée que je vais aborder la durée et la période d'utilisation du mantra-pyramide. À ce propos, voici une anecdote.

Anecdote

Lorsque j'ai commencé d'utiliser assidûment le mantra-pyramide selon la méthode décrite précédemment, une fois, concernant un désir particulier, je me suis appliqué à répéter 3 fois consécutives le mantra-pyramide approprié et à rester en silence pendant 15 minutes chaque jour.

Dans ce silence méditatif je ressentais à chaque fois, une telle énergie bouillonnante joyeuse dans tout mon corps, au point qu'après 3 jours j'ai arrêté de poursuivre. Tellement, j'étais joyeux et convaincu que le désir est déjà manifesté. À ma grande surprise, à la date d'échéance prévue pour la manifestation dudit désir, le résultat n'était pas au rendez-vous.

Sachant par plusieurs expériences vécues et éprouvées que tout ce que je demande à Dieu m'est toujours donné, j'ai vite compris que je venais de vivre l'expérience de **la force** émanant du **silence** méditatif, et j'ai conclu qu'il fallait que je recommence le processus pour ce désir précis.

Ce que j'ai fait victorieusement. Il y a un temps pour toute manifestation de désir ! J'y reviendrai.

Parlant de cette force, sachez qu'elle génère une énergie joyeuse et puissante que vous n'expérimentez pas dans une méditation habituelle ; du moins c'est mon cas et je le vérifie encore aujourd'hui.

Pour l'illustrer, je vous demande d'imaginer avec moi maintenant les effets de l'utilisation du Mantra-Pyramide suivant: « **J'ai maintenant un nouvel emploi plaisant, et mieux rémunéré. Merci.** » Imaginez que dans toutes les cellules de votre corps physique, les valeurs numériques des mots qui composent ce mantra-pyramide sont en train de danser entre eux, et leurs pas de danses bouillonnent joyeusement pendant 15 minutes dans tout votre corps physique, parce que vous avez ce nouvel emploi très prisé. Ressentez en vous, ces pas, ce rythme, cette harmonie musicale…

Comment vous sentez-vous là maintenant ? Spécial, n'est-ce pas? La beauté de ce jeu que je viens de vivre avec vous, c'est que vous n'avez pas besoin d'imaginer quoi que ce soit. Tout ce que vous avez à faire, c'est de demeurer dans ce silence joyeux et laisser le Mantra-Pyramide faire le reste, en mieux que vous ne pouvez le faire.

7-2 Choix de la durée d'utilisation du mantra-pyramide (10, 15, minutes ou autres ?)

Il est maintenant établi et prouvé par des faits, et par des expériences vécues des milliers de gens sur cette planète terre que, tout ce sur quoi vous accordez suffisamment de temps dans une journée dans votre vie, devient votre réalité.

En somme, plus vous consacrez du temps à une idée, un désir, plus vite ce désir se manifestera dans votre réalité.

En extrapolant, si vous pouvez consacrer, par la méthode préconisée pour le mantra-pyramide, toute une journée de 24 heures moins environ 8 heures de sommeil, à un désir précis, il y a de fortes chances que ce désir se manifeste à l'issue de la journée.

Vous admettez bien évidemment, que votre corps physique et même votre mental, ne pourront tolérer un tel effort soutenu.

Étant donné que vous avez d'autres activités et d'autres priorités quotidiennes, **la sagesse des Sages** suggère, de prendre de 10 à 15 minutes par mantra-pyramide chaque jour, pour cultiver entre autres, la patience, la détermination, et la foi.

7-2-1 : 10 minutes, ou le « jeu » des 600 secondes.

D'après les concepts de la loi d'attraction, et des différents enseignements de la Nouvelle Pensée, lorsque vous vous concentrez sur une seule idée pendant 17 secondes, 34 secondes, ou 68 secondes, vous déclenchez automatiquement le processus de création de cette idée dans votre expérience de vie ; que l'idée soit négative ou positive.

Pour l'avoir expérimenté à plusieurs reprises, sachez que non seulement cela est vrai mais en plus et surtout, cela est conforme à la loi de la création qui fait l'objet du présent livre.

Étant donné que je ne suis familier avec les nouveaux concepts de la loi d'attraction que durant la dernière année alors que, depuis plusieurs années j'utilise le secret de la loi de la création, j'ai voulu en savoir plus sur les jeux des 17, 34, et 68 secondes, issus des concepts de la loi d'attraction et de physique quantique. Voici les résultats auxquels ont abouti mes recherches dans ce domaine précis :

Avant de vous dévoiler les résultats de mes recherches, je voudrais vous rappeler l'esprit du jeu qui m'anime en écrivant ce livre, esprit de jeu auquel je vous convie d'y participer tout au long de votre lecture, et lors de vos «expérimentations-jeux» d'utilisation des mantra-pyramide que vous bâtirez.

D'après les concepts de la loi d'attraction et des enseignements d'Abraham, lorsque vous vous concentrez exclusivement sur une pensée pendant 17 secondes, vous amenez cette pensée à son point culminant de combustion.

Lorsque vous poursuivez cette concentration pendant encore 17 secondes de plus, soit pendant 34 secondes, la puissance de la combustion de la pensée qui en fait l'objet devient exponentielle. En poursuivant 17 autres secondes de plus, la puissance d'attirance du contenu de la pensée continue. Enfin, selon ces enseignements de la physique quantique, à 68 secondes de concentration sans aucune interférence, le désir de votre pensée va devenir réel dans votre expérience de vie. Venons-en maintenant à ces fameux résultats de mes recherches par rapport à la loi de la création

La valeur numérique du mot **dix et sept** est 3, et l'addition des chiffres de **17** est 8.

Le nombre 3 est le nombre de la trinité et de la perfection. Le nombre 8 est le nombre du pouvoir, de l'organisation, et de l'équilibre.

- On dit souvent du nombre 8, qu'il est le nombre **qui relie le ciel et la terre** par la disposition des deux 0, reliés entre eux de haut en bas, et de bas en haut. En m'amusant d'additionner les nombres 3 et 8, le total est 11 ; 11 est le nombre de **l'abondance**.

Ainsi donc, lorsque vous méditez sur un mantra-pyramide durant 17 secondes consécutives, vous déclenchez automatiquement le processus de la création selon les principes de la trinité et de la perfection, accentués par les principes du pouvoir, de l'organisation, et de l'équilibre. Concrètement, prenons l'exemple de notre dernier mantra-pyramide à savoir « J'ai maintenant un nouvel emploi plaisant, et mieux rémunéré ». En gardant le silence méditatif sur ce mantra-pyramide durant 17 secondes, vous créez automatiquement, parfaitement, puissamment le nouvel emploi, en équilibre entre votre désir et sa manifestation sur le plan physique.

Toutefois, d'après de nombreuses expériences vécues par des chercheurs dans le domaine, 17 secondes, ce n'est pas assez pour voir la manifestation du désir contenu dans le mantra-pyramide. Il vous faut continuer.

- La valeur numérique du mot **trente-quatre** est 2, et l'addition des chiffres de **34** est 7. Le nombre 2 est le nombre de l'équilibre et de l'harmonie. C'est également le nombre de la croissance disciplinée soutenue par l'aide de l'Univers (Dieu).

Le nombre 7 est le nombre de la raison et du mystère, le nombre de la foi et de la croyance en l'unité de l'univers.

L'addition de 2 et 7 donne 9, 9 est le nombre de la trinité des trinités, de 3 fois la perfection, le nombre de l'idéal. Cela signifie, qu'en méditant sur le mantra-pyramide durant 34 secondes consécutives, vous mettez en branle 3 fois le processus de la création, en équilibre et en harmonie avec l'Univers grâce au maintien de votre foi, en vue de la manifestation de votre idéal, qu'est votre désir manifesté.

- Si nous reprenons l'exemple du mantra-pyramide « J'ai maintenant un nouvel emploi plaisant, et mieux rémunéré », vous avez multiplié 3 fois sur le plan vibratoire la création de cet emploi. Votre nouvel emploi créé est de plus en plus tangible, prêt pour sa manifestation dans le monde physique.

Il vous faut continuer votre silence méditatif, si vous tenez à ce que votre désir se manifeste parfaitement.

Au lieu de vous arrêter après 34 secondes, poursuivez jusqu'à 68 secondes. En fait, comme vous pouvez le remarquer 34 est le double de 17, et 68 est le double de 34.

Selon les résultats de la physique quantique, et des concepts de la loi d'attraction les effets de la concentration sur une seule idée connaissent une croissance exponentielle lorsque vous doublez la durée de votre concentration sur l'idée, comme dans le principe des intérêts composés de vos placements financiers. Selon le processus de la loi de la création, cela s'explique entre autres par les résultats de mes recherches que je suis en train de partager avec vous maintenant.

- Ainsi, la valeur numérique du mot **soixante et huit** est 3, et l'addition des chiffres de **68** nous donne 5.

Vous le savez maintenant, le nombre 3 représente la perfection, la trinité. **Quant au nombre 5, il représente le nombre de la vie.**

En gardant votre silence méditatif sur votre mantra-pyramide pendant 68 secondes consécutives, vous donnez **la vie** à ce désir d'une manière **parfaite.**

Vous déclenchez le processus irréversible de la manifestation de votre désir, puisque toute idée entretenue soigneusement pendant 68 secondes d'affilée devient une réalité qui ne demande qu'à se rendre visible dans votre vie.

Cette irréversibilité de la manifestation est produite entre autres par l'addition de 5 et de 3 qui donne 8, **le nombre du pouvoir.**

Parce que par expériences, 68 secondes ne suffisent pas pour permettre cette visibilité, il vous est suggéré 10 minutes, soit 600 secondes.

- La valeur numérique du mot **six cents** est 5, et l'addition des chiffres de **600** nous donne également 6. L'addition de 6 et de 5 nous donne 11, et le nombre 11 est le nombre de l'Abondance.

Le nombre 5 est le nombre de la vie

Le nombre 6 est **le nombre de l'attraction et de l'harmonie.** Il représente également 2 fois 3 que l'on associe souvent au principe universel suivant : « **Ce qui est en haut, est comme ce qui est en bas.** »

Chaque jour, lorsque vous gardez le silence méditatif sur votre mantra, vous renforcez l'attraction et l'harmonie entre ses composantes, c'est à dire que vous faites danser la manifestation de votre désir.

Plus vous le faites danser, plus vous augmentez l'harmonie et l'attraction plus vous augmentez sa vie, plus il correspondra en mieux, selon la loi de l'Abondance à ce que vous attendez de voir.

Mais me direz-vous, si je n'ai pas 600 secondes consécutives à consacrer à mon mantra pyramide chaque jour, je ne pourrai pas réaliser mes désirs et ce serait injuste. Je vous donne les réponses dans les pages où je vais aborder les différents créateurs, que nous sommes tous, et soyez rassurés que personne n'est exclue par le secret de la loi de la création.

Pour la beauté du jeu, sachez que 600 secondes, représentent **35 fois** 17 secondes ; et 17 représente **8.** J'y reviendrai après avoir présenté le jeu des 900 secondes.

7-2-2 : **15 minutes ou le « jeu » des 900 secondes.**

Lorsque vous le pouvez, la méthode suggérée conseille de poursuivre votre silence méditatif pendant 15 minutes, soit 900 secondes consécutives, et vous savez maintenant la logique qui est derrière cette suggestion. Voyons toutefois la raison sous-jacente du choix de 15 minutes.

- La valeur numérique des mots **neuf cents** est 8.
L'addition des chiffres de 900 donne 9, et l'addition de 8 et de 9 nous donne 8 au total, après réduction théosophique.

Comme si, ce n'est pas assez beau, dans 900 secondes il y a **53 fois** 17 secondes, c'est à dire également le nombre **8**.

Le secret de la loi de la création vous est ici dévoilé, à savoir ; « **Plus vous augmentez la durée du silence méditatif sur votre Mantra-Pyramide et ce, selon des rythmes bien définis, plus vous accentuez le processus de la manifestation du désir que contient le Mantra-Pyramide.»**

Pour éprouver à moi-même la nécessité d'avoir des rythmes bien définis comme, 17, 34, 68, 600, et 900, j'ai émis l'hypothèse de doubler 15 minutes pour l'amener à 30 minutes. Voici ce que cela nous donnerait.

La valeur numérique du mot **trente** est 1. L'addition des chiffres de 30 nous donne 3. L'addition de 3 et de 1 nous donne 4. Dans 30 minutes il y a 1800 secondes. Dans 1800 secondes, on dénombre **106 fois** 17

secondes, c'est à dire le nombre 7. Je constate donc que la magie du nombre 8 n'y est plus.

Je me permets d'interpréter cela comme si la loi de la création nous invite à passer à autre chose après 15 minutes ou 900 secondes.

C'est pour nous inciter **à pratiquer la patience, la détermination et bien sûr la confiance ou du moins la Foi.**

Avant de terminer ce chapitre, un mot sur la période idéale de votre silence méditatif. Dans la méthode préconisée, il est suggéré de procéder 1 fois par jour, mais quand précisément dans la journée, vous êtes libre de votre choix.

Par expérience, je sais que le matin de bonne heure, est la période idéale de méditation parce que votre corps physique est plus reposé, votre esprit plus alerte et qu'il y a moins de bruit tôt le matin.

Pour l'avoir expérimenté avec succès, vous pouvez utiliser votre Mantra-Pyramide à n'importe quelle période de la journée.

Quant à la fréquence en principe, une seule fois par jour suffit.

REMARQUE : Maitrise des idées vagabondes.

Je veux apporter une précision très utile au sujet de la répétition 3 fois consécutives. Idéalement, après avoir répété 3 fois consécutives votre Mantra-Pyramide, vous demeurez en silence pendant 10 ou 15 minutes.

Par expérience, il y a certains jours que demeurer en silence durant ces 15 minutes, peut être très laborieux, à cause de vos pensées vagabondes.

Pour ces jours laborieux, j'ai développé cette technique que voici :

Durant le silence méditatif de 10 ou 15 minutes, une fois les 3 répétitions sont complétées, dès que des idées ou des pensées vagabondes essaient de vous perturber, faites immédiatement une nouvelle série de 3 répétitions consécutives et demeurez à nouveau en silence.

Procédez également de nouveau en cas de besoin jusqu'à la fin de la durée que vous avez choisi. Servez-vous de cette technique si simple et si efficace durant les jours où votre mental foisonne de pensées, négatives (préoccupations, soucis, peurs) ou des pensées positives (anticipations joyeuses, excitation de réalisation d'un désir etc.) Pour illustrer mon propos je vous raconte cette anecdote.

Il y a environ 2 ans, étant à la croisée des chemins sur le plan de ma carrière professionnelle, j'ai voulu savoir si je devais continuer d'exercer un nouveau métier que je cumulais avec ma profession d'Expert-Consultant Facilitateur en attendant de me consacrer entièrement à ma passion. J'ai donc soumis la question à mon Ami intérieur invisible. Entre-temps, pour m'amuser j'ai formulé un Mantra-Pyramide au sujet de ma passion : « **Je suis maintenant un très grand Conférencier Auteur prospère, prolifique, réputé et mondialement connu. Merci.** »

Un jour, alors que je voulais demeurer en silence méditatif suite aux 3 répétitions de ce mantra pyramide, j'étais tellement emballé de me voir tel quel, que j'avais du mal à demeurer dans ce silence.

Durant les 15 minutes que j'ai choisies, j'ai répété encore et encore, je suis maintenant un très grand conférencier-auteur prospère, prolifique, mondialement connu, et riche. Merci.

Le jour même, ma décision a été prise à savoir que j'abandonnais mon autre nouveau métier. Deux mois plus tard, je suis tombé par hasard sur un programme de formation d'Expert-Consultant de la loi d'attraction donné par Marcelle Della Faille, que j'ai suivi avec succès.

Ce qu'il faut retenir de cette anecdote, hormis le fait que je m'achemine graduellement vers la réalisation de ma passion, en vous focalisant encore et encore sur votre mantra-pyramide vous faites taire les pensées vagabondes **et vous créez par défaut le silence méditatif.**

Alors, les jours où votre mental est plus discipliné, contentez-vous de répéter une fois, les 3 fois consécutives. Si non, utilisez la technique que je viens de vous présenter.

Comme je le précise dans le chapitre qui traite des différentes personnalités des utilisateurs du mantra-pyramide, plusieurs fréquences peuvent être un atout pour certains, et non pour d'autres.

CHAPITRRE 8 : Le Mantra-Pyramide, c'est qui ?

Vous savez maintenant, comment et quand il faut utiliser un Mantra-Pyramide. Mais qui est donc habilité à pouvoir le faire ?

Tout le monde, tout individu où qu'il soit, qui qu'il soit, peut utiliser avec **succès** le mantra-pyramide pour son bien, et également pour le bien des personnes qui font partie de son expérience de vie.

J'insiste sur le mot succès, car par expérience et par des témoignages reçus durant ma carrière d'Expert-Consultant Facilitateur, toute personne qui éprouve un quelconque besoin légitime et qui se donne la peine de le formuler et de le faire danser, obtient toujours gain de cause. **C'est la loi.**

Les créateurs de Mantra-Pyramide : (Les différentes personnalités individuelles)

Avant de vous présenter les différentes personnalités des individus créateurs de mantra-pyramide, une remarque importante est à apporter à votre attention.

Tout individu peut formuler et utiliser le mantra pyramide, **à l'exception des gens qui ne croient pas en l'existence d'une Lumière ou d'une Énergie universelle et encore moins aux effets des lois universelles qui régissent la création de toute chose ici-bas sur la terre.** Il n'est pas question dans ces propos de faire allusion à des gens qui ont une certaine croyance, mais relativement faible.

Depuis la fin des années 1920, il est démontré scientifiquement que tout individu qui entretient dans ses pensées et dans son esprit des idées négatives quant à la manifestation visible de toute création, empêche effectivement cette manifestation. « Le Pouvoir Teleculte » par Reese P. Dubin, Édition Française BY S.I.P. 2 Bd de France, MONTE-CARLO

La loi d'attraction par ailleurs ne fait pas la différence entre une pensée négative et une pensée positive; vous attirez ce que vous pensez, point final.

Ainsi, je présume que si vous lisez actuellement ce livre, c'est parce que vous croyez un tant soit peu à Dieu, à l'Univers et aux lois universelles qui régissent le monde dans lequel vous et moi, évoluons.

Puisque c'est le cas, je vous présente les différentes personnalités des individus pouvant utiliser le mantra pyramide, pour vous permettre de vous situer et surtout pour que **vous arrêtiez d'avoir peur de ne pas réussir.**

8-1 : Pas capable de visualiser ou d'imaginer correctement !

Faites-vous partie des gens qui prétendent qu'ils n'arrivent pas à concrétiser leur désir, parce qu'ils ne sont pas capables de visualiser ou d'imaginer correctement leur désir réalisé ?

Qu'à cela ne tienne, vous êtes capable d'utiliser avec succès votre mantra-pyramide. Voici une anecdote pour vous le prouver.

Anecdote

Un jour, une de mes clientes déconcertée me confie qu'elle a du mal à s'entendre avec ses collègues de travail et qu'elle vit un stress à chaque fois qu'elle se trouve en compagnie de certaines personnes dans son champ d'exécution de ses tâches.

Sans faire exprès, je lui suggère tout bonnement de voir dans son esprit et dans sa tête qu'elle est en harmonie avec tous les membres de son équipe de travail, et qu'elle travaille dans la joie avec les uns et les autres.

Réaction immédiate, elle m'avoue que c'est plus facile à dire qu'à faire, et qu'elle n'est pas capable de se visualiser comme je le lui demande. Elle tient à son travail qu'elle aime, mais ne se sent plus bien à l'idée de faire équipe avec certaines personnes en particulier.

Cette dame croit beaucoup en l'Univers à qui elle ne cesse de demander de l'aide en vain selon elle.

Tout d'abord, je lui ai fait comprendre ce qui suit :

« Ce n'est pas parce que vous n'êtes pas capable de visualiser votre désir réalisé, que votre situation perdure. En croyant cela vous vous bloquez mentalement, empêchant vos bonnes pensées de s'envoler vers l'Univers et ainsi se matérialiser comme vous le souhaitez. Tout ce que vous avez à faire c'est de formuler précisément ce que vous voulez et, immédiatement c'est qu'elle a fait en ma compagnie. »

Après quelques minutes d'observation et d'analyse de sa situation elle est arrivée à formuler ainsi le mantra pyramide approprié « **Je suis maintenant en parfaite harmonie avec tous mes collègues de travail, et nous travaillons tous dans la joie, chaque jour. Merci.** »

Respectant assez rigoureusement la méthode d'utilisation de son Mantra-Pyramide que je lui ai suggérée, au bout de 3 semaines environ, elle m'informe que l'atmosphère de travail a positivement changé et qu'elle se sent intégrée à son équipe de travail dont les membres n'ont pas changé pourtant.

Aux dernières nouvelles, j'ai appris qu'elle a été promue surintendante en remplacement de leur ancienne chef d'équipe et qu'elle s'apprête à prendre sa retraite bien méritée.

Si donc vous faites partie de ce groupe d'individus comme cette cliente, vous n'avez plus d'excuses pour ne pas réaliser ce qui vous tient si bien à cœur.

8-2 : Je n'ai pas le temps pour rêvasser à mes désirs durant la journée.

Cette phrase, je l'ai souvent entendu prononcer par plusieurs personnes dont leurs activités professionnelles ne leur permettent pas de s'offrir des temps d'arrêt de qualité dans une journée de travail.

Ce sont très souvent des gens exerçant des métiers de précision et de concentration comme par exemple, des médecins, des chirurgiens, des dentistes, des opérateurs de machineries, des ouvriers des chantiers de la construction, des installateurs de toutes sortes de matériaux, etc. Ironie du sort, les gens de cette catégorie que j'ai rencontrés sur mon chemin professionnel n'ont guère le temps le matin pour penser à eux et encore moins pour prendre plus de 10 minutes d'affilée le matin avant de vaquer à leurs occupations. Ne leur demandez pas d'y penser plus en fin de journée; ils sont le plus souvent « **brûlés** ». Faites-vous partie de cette catégorie de gens ? Avez-vous réellement envie de voir se réaliser vos désirs les plus intimes et légitimes ? Le mantra-pyramide est pour vous, et voici une histoire pour vous motiver et vous sensibiliser à penser à vous et à vous faire du bien dorénavant.

Histoire

Le Chirurgien cardiologue

C'est l'histoire d'un médecin chirurgien cardiologue, dans la, mi trentaine très réputé et apprécié par ses collègues et surtout par les membres de la famille de ses patients. Des heures de travail de plus de 15 heures par jour, il ne les compte plus à son actif de professionnel passionné de son travail.

D'un beau physique et d'une belle allure, jovial, il ne laisse pas la gent féminine indifférente surtout pas celle de son milieu de travail, des secrétaires médicales, aux aides-soignantes en passant par les assistantes médicales.
Le beau chirurgien n'a pas le temps d'avoir une amoureuse dans sa vie, mais il n'est pas plus heureux malgré ses nombreux succès dans ses opérations chirurgicales, les titres et les honneurs qu'il reçoit depuis l'âge de 28 ans où il a commencé à pratiquer véritablement et non plus comme interne.

À 36 ans passés, notre chirurgien se demande s'il va enfin trouver une amoureuse avant d'atteindre 40 ans. Ce questionnement tantôt conscient, tantôt inconscient, l'a contraint un jour à aller consulter son mentor maintenant à la retraite, lui-même excellent et réputé chirurgien cardiologue.

Suite à des palpitations inhabituelles à la poitrine, Dr Xavier (nom fictif) décide d'aller consulter un autre collègue qui lui notifie que son cœur est en excellente santé.

Sur cet avis, Dr Xavier est parti rencontrer son mentor dans sa résidence secondaire près d'un lac dans les cantons de l'est en Estrie au Québec, Canada.

Sans aucun détour, son mentor lui précise que son cœur est en bonne santé, mais il se sent seul, il est temps pour lui de faire une pause pour penser à lui, s'il ne veut pas ressentir de vraies palpitations à la poitrine. Il est temps qu'il se trouve une amoureuse.

Le mentor de Dr Xavier, familier de la loi de la création, lui suggère de formuler un mantra-pyramide de circonstance, et de sacrifier 15 minutes de ses temps précieux de la journée pour matérialiser ce désir plus que légitime.

Compte tenu du degré de confiance sans limite qui existe entre Dr Xavier et son mentor, celui-ci s'est empressé de formuler le mantra-pyramide suivant : « **Je partage maintenant ma vie amoureuse avec mon épouse qui a les mêmes passions que moi, et nous sommes heureux tous les deux ensemble. Merci.** »

Chaque matin, Dr Xavier se lève dorénavant 30 minutes plus tôt, pour pouvoir consacrer les 15 minutes suggérées pour son mantra-pyramide. Au bout de 45 jours, une fin d'avant-midi son assistante médicale l'approche et l'invite à aller prendre un lunch avant la prochaine opération prévue de la journée. Sans hésiter Dr Xavier accepte l'invitation ignorant inconsciemment les relations professionnelles entre lui et son assistante médicale.

Lors du lunch, l'assistante pose sa main droite sur la main gauche de Dr Xavier et le regardant droit dans les yeux, lui demande s'il accepterait d'être son ami de cœur. Là également, sans hésiter notre beau cardiologue dit oui, et ils s'embrassent spontanément sur la bouche.

Quarante et cinq jours plus tard, ils se sont fiancés et se sont mariés 6 mois plus tard. Dr Philippe Xavier et Isabelle Quintal filent le bonheur total depuis 5 ans et ont mis au monde un beau garçon âgé maintenant de 11 mois.

Cette histoire est une histoire vraie, seuls les noms et certains contextes ont été dénaturés.

Alors, qu'attendez-vous si vous faites partie de cette catégorie de gens?

8-3 : Je ne crois pas aux affirmations, parce qu'elles sont trop magiques.

Justement, si vous faites partie de cette catégorie de gens, libre à vous de bâtir le Mantra-Pyramide qui vous convient. L'essentiel c'est d'en créer un qui vous soit personnel ; raison pour laquelle on nomme également un mantra-pyramide, une numérologie personnelle.

Voici une anecdote à ce propos.

Un de mes clients il y a quelques année s'est levé un bon matin avec des douleurs aux deux genoux ; douleur assez sérieuse l'empêchant de faire des exercices physiques qu'il affectionne.

C'est un monsieur qui croit beaucoup au pouvoir de l'esprit sur la matière et est convaincu qu'il peut guérir son mal de genoux. Toutefois, il ne croit pas aux effets des affirmations et s'empêche d'en formuler pour guérir ses genoux. Durant notre rencontre hebdomadaire de coaching, il m'en parle et je lui ai suggéré de formuler ce qu'il veut en autant que cela a rapport avec la guérison de ses genoux.

Aimant pratiquer le ski alpin, je lui ai demandé de me formuler un mantra en lien avec sa guérison et avec l'un de ses sports préférés.

Une semaine plus tard il me présente sa formulation comme suit : « **Je me vois en train de skier sur le Mont Sutton, en pleine forme et dans la joie. C'est ce que je souhaite vraiment. Univers fais en sorte que cela se produise le plus tôt possible. Merci. »**

Avec ce mantra qu'il a fabriqué lui-même, pendant 21 jours matin et soir il effectuait son silence méditatif. Au bout de ces 21 jours la douleur de ses genoux a complètement disparu et il a pu skier l'hiver de cette année.

Ce qu'il faut retenir, que vous ne croyiez pas aux effets des affirmations, c'est votre droit et c'est aussi votre droit de créer le mantra qui vous convient pour manifester votre désir.

En annexe, vous trouverez différents mantra-pyramides par rapport à différentes situations d'expérience de vie humaine (santé, paix intérieure, relations amoureuses, travail, argent, etc…)

8-4 : J'ai de la difficulté à me concentrer assez longtemps sur une seule pensée durant la journée.

Ces genres de personnes font partie de la majorité des humains qui n'ont pas encore appris à maitriser leurs pensées.

Effectivement, pour que le silence méditatif soit profitable dans le cas des mantra-pyramides, vous savez qu'il faut une certaine durée précise.

Alors, comment une personne qui fait partie de la présente catégorie, peut-elle y arriver ?

Une technique très simple consiste à vous focaliser encore et encore sur votre mantra-pyramide du jour, durant votre silence méditatif. Bien évidemment, en répétant continuellement le mantra-pyramide pendant les 10 ou 15 minutes, vous n'êtes certes pas en silence me direz-vous et vous avez raison.

Toutefois, les résultats de certaines expériences réalisées et vécues démontrent que durant cette période méditative, la répétition force votre mental à se taire ; et ce faisant elle provoque le silence par défaut.

D'autres résultats démontrent également qu'en décidant d'utiliser cette technique précise, au bout de 3 jours consécutifs lorsque la période du silence méditatif concernant votre mantra-pyramide arrive, comme par magie les pensées vagabondes se taisent d'elles-mêmes. Ainsi à partir du quatrième jour vous ne serez plus importuné par les pensées vagabondes ; dans le cas contraire continuez avec vos répétitions jusqu'à ce que votre désir devienne visible dans votre expérience de vie.

8-5 : Je crois en la loi d'attraction et j'aime ressentir encore et encore mon désir réalisé durant la journée.

Cela suppose que vous avez des temps de loisirs dans votre journée, qui vous permettent de vous focaliser sur votre désir, et c'est bien ainsi.

Maintenant que vous savez que ce ressenti du désir réalisé répond à la loi de la création, faites-en un jeu. En plus de prendre 10 à 15 minutes par jour pour le silence méditatif, durant la journée jouez avec la trinité des répétitions avec votre mantra-pyramide.

À défaut d'avoir du temps à consacrer 10 ou 15 minutes d'affilée pour votre mantra-pyramide, durant vos périodes de loisirs jouez le jeu du ressenti en respectant au moins le silence méditatif des 68 secondes.

Vous constaterez que non seulement votre jeu de ressenti sera plus agréable, en plus de vous rapprocher rapidement de la manifestation visible de votre désir.

En fait, il s'agit d'effectuer des mini périodes de silence méditatif de 68 secondes, chaque, jusqu'à au moins 10 minutes par jour pour votre mantra-pyramide qui fait l'objet du jeu de ressenti. Vous joignez l'utile à l'agréable, et bon amusement.

8-6 : Ma foi en l'Univers n'est pas assez forte.

Qu'à cela ne tienne, utilisez ce manque de certitude intérieure pour formuler un mantra-pyramide approprié.

Conversation avec l'Univers

« Cher Univers, je reconnais que je ne crois pas assez en Toi, mais je Te demande de réaliser quand même mon désir du moment pour moi ; et je croirai davantage en Toi. Merci. »

Ces propos sont ceux d'un propriétaire d'un magasin général de quincaillerie et autres accessoires de produits ménagers, dans une petite localité située non loin de ma ville natale Atakpamé, au TOGO.

Ce commerçant nommé BANA Yao est très respecté et admiré pour ses valeurs humaines, de droiture, d'honnêteté, de serviabilité, etc.

Bien que son magasin général fonctionne assez bien, Mr BANA en désirait davantage pour bien élever ses enfants qui sont vers la fin de leurs études primaires.

Chaque matin, presqu'au lever du soleil Mr BANA s'isole de leur maison familiale pour aller prendre une marche de 20 à 30 minutes, occasion pour lui également de vérifier l'état des volailles de son poulailler où il fait l'élevage de poules, de pintades, de canards.

Durant cette marche matinale, il s'adresse directement à l'Univers dans ces termes : « Cher Univers, je reconnais que je ne crois pas assez en Toi, mais je Te demande de réaliser quand même mon désir de voir mes enfants aller fréquenter une école secondaire pour y être bien instruits; et je croirai davantage en Toi. Merci. »

De retour de sa marche, il a l'habitude d'aller s'asseoir sous un manguier en face de leur maison pour s'intérioriser.

Non seulement, chaque jour il vend de plus en plus d'articles et d'objets, ce qui lui permet de constituer un coussin financier pour l'étude de ses enfants, mais de plus, à la fin de l'année scolaire, son fils ainé réussit les 2 examens de fin d'études primaires avec mention très honorable.

Conséquence de cette réussite extraordinaire, le fils de Mr BANA reçoit une bourse d'études secondaires du Ministère de l'éducation nationale du TOGO. Ainsi Mr BANA est dispensé de payer des frais de scolarité et les frais de toutes les autres fournitures scolaires. Un an plus tard, le même phénomène se produit pour son second fils. Cette histoire que je vous présente ici, est une histoire qui m'a été racontée par un proche de Mr BANA en langue vernaculaire du coin. Précisons que Mr BANA ne sait ni lire ni écrire et formulait mentalement ses propos avec la même répétition et les mêmes tournures de phrases mentales.

C'est donc moi qui, en traduisant ces propos en langue française arrive à ce Mantra-Pyramide, car **c'est un mantra-pyramide que Mr BANA formulait sans le savoir.**

Les leçons que je tire de cette histoire sont les suivantes :

- Peu importe votre degré de croyance en l'Univers, en autant que vous croyez un peu, tout ce que vous lui demandez, vous l'obtenez.

- L'amour inconditionnel de Dieu et de l'Univers est tellement généreux, que vous obtenez toujours plus que ce que vous avez demandé.

Cette histoire je lui donne comme titre «Conversation avec l'Univers » et je viens de recevoir **une révélation à savoir que le mantra-pyramide peut être formulé et bâti par des gens qui ne savent ni lire ni écrire ; il suffit de les informer à le faire.**
La vulgarisation de ce présent livre vient de s'ouvrir à des portes d'autres utilisateurs du mantra-pyramide. J'en suis très heureux et reconnaissant à l'Univers.

8-7 : Les autres types de personnalités.
Avant de conclure ce chapitre sur les utilisateurs des mantra-pyramides, je vous présente les différents commentaires des gens qui semblent ne pas être en mesure de formuler un mantra-pyramide avec succès.

- « J'ai appris qu'il ne faut pas faire des demandes lorsqu'on est dans un contexte de manque, d'insécurité, de peur, de besoin, etc. »

- « J'ai appris que l'espoir et l'espérance ne suffisent pas pour faire manifester nos désirs. »

- « Je me sens plus rassuré lorsque je m'adresse et je demande à l'Univers de me permettre de réaliser mes désirs

- « J'aime écrire moi-même l'énoncé de mes prières. »
- « Durant le silence méditatif, je veux penser à la réalisation de mes désirs mais je m'y perds dans les dédales des techniques à utiliser. »

La certitude intérieure n'est pas acquise par tout le monde, dans une seule incarnation sur terre, j'en conviens. Par contre tout le monde qui croit un tant soit peu à l'Univers et à ses lois peut formuler un mantra pyramide et faire se manifester son désir en fonction de son type de personnalité d'utilisateur. Personnellement, pour avoir été dans presque tous les types de personnalité, sauf celui du manque de certitude intérieure pour laquelle je remercie l'Univers de m'avoir permis de l'atteindre assez tôt dans ma vie, je peux vous affirmer que vous utiliserez avec succès votre mantra-pyramide choisi.

En annexe, vous trouverez un tableau d'autoévaluation des différents types de personnalités des créateurs de mantra-pyramide. Servez-vous en pour déterminer quel genre de mantra-pyramide vous convient.

Chapitre 9 : Le Mantra-Pyramide, c'est où ?

La méthode d'utilisation quotidienne du Mantra
Pyramide quant au lieu, préconise de s'y assoir
tranquillement pour effectuer le silence méditatif,
sur le Mantra-Pyramide choisi.
Partout, en tout temps, et en tout lieu, vous
pouvez effectuer le silence méditatif, sur le
Mantra Pyramide de votre choix, en autant que ce
lieu est à la fois, **paisible, pacifique, et calme**.
Un lieu **paisible**, est un lieu tranquille qui suppose
qu'il n'y a aucune agitation, aucune source
d'inquiétude. Partant de cette définition, il est
donc souhaitable que votre lieu paisible, soit un
lieu, situé loin de tout bruit et où vous êtes seul
avec vous-même, ayant mis de côté toutes vos
préoccupations réelles ou fictives.

Par expérience, je sais que le premier lieu paisible que vous avez intérêt à choisir est votre temple intérieur situé dans votre cœur.

Ce lieu, vous devez le garder par votre volonté loin de toutes vos préoccupations, en tournant votre regard vers l'espace sacré de votre cœur, et en procédant ainsi :

Seul, fermez les yeux, pénétrez dans votre cœur comme si vous pénétrez dans une chambre où règnent, la quiétude, la beauté, la joie, la paix.

Dites mentalement, je suis ici et maintenant dans l'espace sacré de mon cœur, loin de toutes mes préoccupations quelles qu'elles soient, pour baigner et pour irradier **la paix profonde**.

Inspirez par le nez et dites mentalement, j'inspire le souffle de la vie. Expirez par le nez et dites mentalement, j'expire toutes les préoccupations qui me causent des soucis.

Inspirez par le nez à nouveau, et dites mentalement, j'inspire l'harmonie infinie. Expirez par le nez et dites mentalement, j'expire l'harmonie infinie.

Inspirez par le nez une 3ème fois et dites mentalement, j'inspire la paix profonde. Expirez et dites mentalement, j'expire la paix profonde.

Demeurez en silence dans cette ambiance paisible que vous venez de créer.

Lorsque vous arrivez à créer ce lieu paisible, vous pouvez effectuer le silence méditatif sur votre Mantra-Pyramide, dans n'importe quel lieu physique. Pour illustrer ces propos, voici une anecdote.

Un habitué matinal du Métro de Paris en France, avant de monter à bord du train de Métro qui doit le conduire à son lieu de travail, s'asseyait sur un des bancs dans le hall, les yeux fermés avec un sourire radieux sur le visage, il faisait fi des vacarmes et du bruit des trains qui allaient et venaient à sa station. À chaque fois, après environ 10 minutes resté dans cet état, il ouvrait les yeux, tout joyeux et montait à bord du train qui venait de s'arrêter.

Un jour, un autre habitué de la même heure, curieux, approche notre Monsieur pour lui demander ce qu'il a l'habitude de faire chaque matin avant de prendre son train.

Notre méditant, c'est le nom que je lui donne ici, avoue candidement ceci : « Tous les matins, avant de monter à bord du Métro, je m'imagine au bord de la mer dans mon pays d'origine, assis face à ses vagues, réchauffé par les rayons du beau soleil de l'avant-midi, je contemple la mer.

Pendant ce temps, je me répète que je suis en paix avec la mer et avec moi-même. C'est un rituel que j'ai appris avec mon père à réaliser en vrai lorsque j'étais chez moi, dans mon pays d'origine et que je transpose ici en imaginaire. Cela m'aide à bien partir ma journée de travail qui est très stressant.»

Notre méditant, est-il familier avec le mantra pyramide ? Je l'ignore mais, chose certaine, il sait rendre paisible son cœur grâce à son affirmation. Ce n'est donc pas le lieu physique qui est le plus fondamental.

Toutefois, par expériences vécues, vous avez intérêt à vous réserver un endroit spécifique précis, pour vos périodes de silence méditatif.

Un lieu **pacifique**, est un lieu qui inspire la paix. Pour qu'il en soit ainsi, c'est également de votre intérieur que cela se produit. Il s'agit pour vous de désirer vivre en paix durant cette période de silence méditatif, et que cet exercice s'effectue dans une intention de paix. C'est donc **votre état mental et émotionnel, qui rend votre lieu de silence méditatif, pacifique.**
Enfin, un lieu **calme**, est un lieu où il n'existe aucune source de nervosité ou de panique. Cela signifie que vous avez intérêt à développer la maitrise de soi, pour que votre lieu reflète cet état. Puisque vous avez maintenant compris que votre lieu de silence méditatif est conditionné par votre état mental et émotionnel, vous convenez avec moi que certaines dispositions sont nécessaires, à cet effet.
Pour ma part, voici ce que je fais avant de commencer ma période de silence méditatif sur un mantra-pyramide choisi, et que je vous suggère comme suit :
Assis confortablement dans votre lieu de prédilection, détendez-vous bien, en prenant quelques grandes respirations profondes par le nez.
Souriez environ 5 secondes, et répétez mentalement« Je veux être en paix, je désire vivre en paix, je suis en paix ici et maintenant avec moi-même et avec Dieu et l'univers. Je suis calme, je suis de plus en plus calme et détendu. » Quelques secondes après cela, répétez votre mantra pyramide comme vous savez le faire maintenant.
Pour clore ce chapitre sur le lieu d'utilisation du Mantra-Pyramide, j'attire à nouveau votre attention sur le fait que le lieu du silence méditatif, dépend de votre état d'être mental et émotionnel.

Retenez également, qu'en choisissant le même endroit pour effectuer le silence méditatif, vous développez une agréable habitude d'affinité avec votre moi intérieur, qui en fait un devoir et un plaisir d'être au rendez-vous à l'heure que vous avez choisi.

Qui plus est, si vous avez la joie de disposer ce lieu avec certains accessoires invitant, de beauté et de confort, vous renforcez émotionnellement votre contact avec l'Univers durant votre période de silence méditatif. Toutefois, si cela ne vous est pas possible, effectuez quand même votre silence méditatif, car cela n'est pas indispensable.

Vous savez maintenant, pourquoi un mantra pyramide, c'est quoi, c'est comment, c'est quand, c'est qui, et c'est où, il faut utiliser un mantra pyramide. Nous allons boucler la boucle avec le combien, dans le prochain chapitre.

Chapitre 10 : Le Mantra-Pyramide, c'est combien ?

Investissement agréable et merveilleux, l'utilisation du mantra-pyramide, en est un pour toutes les sphères de votre vie.

Qui dit investissement, dit coûts et bénéfices; or dans le cas du mantra-pyramide il n'y a pratiquement pas de coûts qui lui sont attachés. Tout ce que cela vous exige, c'est simplement votre volonté et le temps nécessaire à lui consacrer.

En revanche, les bénéfices procurés par l'utilisation du mantra-pyramide sont nombreux et indescriptibles, et vous ne pouvez évaluer l'essence de ces bénéfices qu'en le vivant vous-même.

Aussi, ce présent chapitre est constitué par des anecdotes, des histoires, des témoignages, des gens qui ont goûté aux bienfaits de l'utilisation du mantra-pyramide, afin de vous inciter à désirer encore et encore de les utiliser.

Outre, la manifestation tangible et visible des désirs réalisés à l'issue de l'utilisation du mantra pyramident, d'après les expériences vécues de plusieurs gens, les bénéfices spécifiques ci-après sont souvent cités.

Le premier et de loin le plus significatif des bénéfices reçus, est d'obtenir au-delà de ce qui a été demandé. En voici certains récits.

Histoire

L'histoire de la dame qui reconnait sa valeur.

Mme Amanda (nom fictif), travaillait au sein d'un cabinet d'avocats à titre d'assistante-juridique depuis plus de 3 ans. Un jour, son supérieur immédiat, un avocat de renommée internationale lui propose qu'elle aille suivre un stage rémunéré de perfectionnement de 6 mois, afin que de retour elle occupe un poste supérieur plus intéressant, au sein du même cabinet. Mme Amanda accepte l'offre et alla suivre avec succès ledit stage.

Six mois après, de retour de son stage elle eut une grande surprise en apprenant que le poste qui lui était destiné, est occupé par une de ses collègues, qui elle, avait déjà suivi avec succès ce même stage 2 ans auparavant.

L'explication donnée à Mme Amanda par son supérieur est qu'un projet en cours lui sera confié au moment opportun. Entre-temps, il lui a été demandé de gérer le classement des archives des dossiers juridiques réalisés, et en cours de réalisation du cabinet.

Mme Amanda, adepte de la spiritualité et passionnée de la numérologie, accepte malgré elle la proposition parce qu'elle a besoin de sa paye bi hebdomadaire pour vivre, n'ayant pas de coussin financier et ne s'attendant pas à vivre une telle situation.

Le soir même, arrivée chez elle à la maison, après son souper et une petite période de silence méditatif sur ce qu'elle peut faire de manière inspirée, elle reçoit la réponse d'appeler une de ses meilleures amies, elle aussi juriste dans un cabinet de droit international, en matière de droit de la personne. Elle lui fait part de ce qui lui arrive.

Son amie estomaquée, rit à chaude larme pour lui dire qu'elle pensait l'appeler pour lui suggérer de postuler sur un nouveau poste ouvert dans leur cabinet, mais qu'elle hésitait à cause de la promesse que lui a fait son supérieur avant le stage. Chemin faisant dans leur discussion, Mme Amanda décide sur le coup d'y postuler le lendemain même.

Arrivée au bureau le lendemain, Mme Amanda se dirige immédiatement vers le bureau de son supérieur immédiat et l'informe sans détour, qu'elle quitte son travail à compter de ce jour sans préavis, puisqu'elle n'a pas recommencé à travailler depuis son retour de stage. Toutefois, elle a droit à la paye des 2 dernières semaines incluses dans sa période de stage. Malgré l'insistance de son supérieur, elle maintient sa décision sur un ton calme et respectueux.

Après avoir rangé le peu de dossiers qu'elle a dans son bureau, elle va chercher son chèque de paye à la comptabilité et quitte sans regret, le cabinet.
En chemin, elle s'arrête aux bureaux du cabinet de son amie pour aller déposer sa candidature, et retourne chez elle à la maison. En fin d'après-midi elle reçoit un appel téléphonique du Président directeur général dudit cabinet, pour une entrevue le lendemain.
Le lendemain, c'était juste une formalité compte tenu des excellentes références professionnelles que le Président avait eues au sujet de Mme Amanda.
Au lendemain de l'entrevue, elle commence son nouveau travail, taillé sur mesure pour elle. Sa paye bi hebdomadaire est le double de ce qu'elle gagnait dans son ancien cabinet, soit 2500,00$ aux 2 semaines.

Six mois plus tard, on lui offre de devenir associée-actionnaire minoritaire dans le cabinet et elle délaisse son statut d'employée qu'elle occupait.

Aux dernières nouvelles, Mme Amanda détient 50% des actions de leur cabinet, et a comme adjointe principale son amie qui la fait entrer dans le cabinet. **WOW !!!**

Alors que la plupart du temps, les résultats de l'utilisation d'un mantra-pyramide sont obtenus après plusieurs et même plusieurs semaines, il arrive que vous pouvez en obtenir après quelques heures seulement. C'est le cas de Mme Amanda, qui a formulé le mantra-pyramide suivant : « **Je reconnais ma valeur. Je me trouve maintenant un nouvel emploi qui correspond à ma valeur. C'est ça qui est ça. Merci Univers.** »

C'est clair, précis, direct, avec assurance et certitude. Elle a reçu plus qu'elle n'en voulait, c'est le plus significatif des bénéfices de l'utilisation du mantra-pyramide.

Cette histoire est une histoire vraie ; seuls les personnages et le contexte professionnel ont été dénaturés. Personnellement, j'ai constaté le même phénomène dans ma vie. Une anecdote pour le témoigner.

Anecdote

Alors que je devais compenser rapidement un manque à gagner financier dû à des changements survenus soudainement dans le déroulement de mes contrats, après avoir utilisé le mantra pyramide approprié (voir Annexes), non seulement j'ai compensé ce manque à gagner, de plus j'ai obtenu un nouveau contrat avec un nouveau client. C'est formidable, et j'en suis encore aujourd'hui, ému, heureux et reconnaissant envers l'Univers pour toutes ces bénédictions.

Le deuxième bénéfice significatif, est constitué par la régénération émotionnelle et spirituelle.

Vous savez maintenant que le mantra-pyramide s'effectue dans le silence méditatif, et vous avez appris dans l'un des chapitres précédents que silence égale force.

Effectivement, c'est cette force qui procure la régénération émotionnelle et spirituelle à tout individu qui utilise adéquatement le mantra pyramide.

Par expériences vécues personnellement, j'ai eu plusieurs témoignages des clients de mes sessions de coaching de vie, et en voici un très particulier de mon client Dieudonné

« **Suite aux conseils que tu m'as donnés, et après avoir utilisé le mantra-pyramide que tu m'as aidé à bâtir, au bout de 21 jours, non seulement l'harmonie est revenue entre ma conjointe et moi, de plus je me sens chaque jour plus énergisé émotionnellement, expérimentant davantage la joie intérieure personnelle avec une attitude mentale plus positive à l'égard de ma conjointe.**

Spirituellement, je sens toutes mes cellules de mon corps vibrer de plus en plus fort, lorsque je veux juste rendre grâce pour les résultats obtenus. Tout n'est pas encore parfait, j'en conviens. Mais ce que je ressens en ce moment est trop fort pour que je ne t'en parle pas. Merci à l'Univers. »

Les autres bénéfices et non les moindres : Harmonie, paix, assurance, confiance en soi, sérénité, joie.

Pour ces autres bénéfices, je vous présente en annexe des témoignages et des commentaires pertinents.

Personnellement, combien de bienfaits peut m'apporter l'utilisation d'un mantra-pyramide ? Pour y répondre, je choisis de rendre grâces à l'Univers pour toutes les révélations que j'obtiens depuis que je connais ce secret de la loi de la création, qu'est le Mantra-Pyramide, et **spécialement durant l'écriture du présent livre.** Tout d'abord, je tiens à vous souligner que le présent livre que vous tenez dans vos mains en ce moment, est un cadeau que l'Univers me fait, et j'en suis plus que reconnaissant.

Durant son écriture, j'ai expérimenté plusieurs contrastes et évidemment plusieurs succès. Voici une anecdote qui illustre l'un des contrastes récurrents expérimentés.

Anecdote

Ma récente connaissance de l'utilisation des concepts de la loi d'attraction, a eu du mal à cohabiter avec ma pratique d'utilisation du mantra-pyramide. Selon la loi d'attraction, toute pensée émise attire une pensée similaire. Une pensée de manque de quoi que ce soit, attire une pensée similaire. Vice versa, une pensée d'abondance attire une pensée jumelle.

Or, selon les données de la loi de la création qui vous sont présentés dans ce livre, c'est la variation du taux vibratoire des mots qui composent votre pensée contenue dans le mantra-pyramide de votre choix, qui produit la manifestation de votre désir, peu importe les circonstances, de manque, de besoin, d'insécurité, etc.

En d'autres termes, même si vous êtes dans une situation de manque de relations amoureuses harmonieuses par exemple, si vous formulez votre mantra-pyramide pour désirer le contraire, vous l'aurez.

Apparemment, c'est comme si la loi d'attraction serait en opposition avec la loi de la création ; et ce n'est pas le cas. Pourtant, chaque phrase que j'écris pour vanter le mantra-pyramide qu'on peut utiliser à toutes les sauces, je me sens tiraillé à cause du concept de la loi de l'attraction.

Et pour enfoncer cette confusion dans mes certitudes, lors d'un contraste de manque ponctuel d'argent, j'ai utilisé sans succès le mantra pyramide habituellement approprié. Au lieu de compenser le manque, je l'ai accentué involontairement, au point d'arrêter quelques jours l'écriture du livre.

Je sais que mon mantra-pyramide pour des situations de manque a toujours eu du succès, et je sais également que le processus de la création de la loi d'attraction est complémentaire à la loi de la création.

Alors pourquoi cette fois-ci cela ne fonctionne-t-il pas ? La réponse se trouve dans la révélation suivante.

Révélation

Vous avez appris dans les chapitres précédents, que la loi de la répartition et de regroupement des éléments, sur le plan physique stipule que ; « Les espèces identiques des pensées-mots de votre mantra-pyramide se répartissent et se regroupent en vue de leur manifestation idéale. » Plus les pensées-mots sont, en harmonie entre elles, plus la manifestation du désir est parfaite.

N'est-ce pas la même chose que stipule la loi d'attraction ? Bien sûr que oui. Alors j'ai compris ce qui suit.

En utilisant, le mantra-pyramide je fais de quoi dans le but de provoquer une manifestation visible de mon désir, et c'est légitime. Au lieu de vouloir faire de quoi, il est plus amusant de vouloir ressentir le bien-être procuré par le silence méditatif du mantra-pyramide en adoptant le procédé de la loi d'attraction.

En insistant sur le faire, je crée inutilement une tension, qui plus est je renforce involontairement la situation de manque, qui va surgir à nouveau après la réalisation de ce désir du moment. J'ai compris donc pourquoi j'étais souvent en mode d'action constante pour réaliser mes désirs.

Ainsi, dès que j'ai compris cela, des pistes et des perspectives me sont inspirées pour faire pivoter le contraste du manque que j'avais.

Je vous suggère de garder en esprit que l'utilisation du mantra-pyramide est à considérer comme un jeu de bien-être durant son utilisation, pour jouir pleinement d'un bien-être plus savoureux lors de la manifestation de votre désir. Tout en sachant que la loi de la création opère durant cette utilisation, prenez conscience de l'effet de la loi d'attraction, et amusez-vous. Cela a pour une autre conséquence, le fait de ne plus vouloir s'impatienter sur l'arrivée de la manifestation de votre désir, puisque vous y goûtez au moment présent dans ce silence méditatif.

Est-ce que cela signifie que vous ne devez plus utiliser le mantra-pyramide dans une situation de manque ? Non ? Ce que je vous demande de retenir et ce que je vous conseille, c'est de procéder ainsi :

Vous êtes en manque d'argent, en manque d'harmonie dans votre relation amoureuse, en manque de conjoint ou de conjointe, etc. Formulez votre mantra-pyramide en conséquence, par exemple « J'ai compensé mon manque d'argent, maintenant, merci. » Ou, « J'ai maintenant, une relation amoureuse harmonieuse avec ma conjointe, mon conjoint, merci. »

Durant les jours d'utilisation de votre mantra, jusqu'à l'obtention de vos résultats voulus, au cours de vos périodes de silence méditatif, considérez que vous avez déjà obtenu ce que vous voulez, et prenez plaisir à ressentir ce désir réalisé, au lieu d'être en attente fébrilement que vous faites de quoi pour faire réaliser votre désir. Vous noterez une grande différence dans votre être durant vos journées. C'est ce que j'ai compris de plus au sujet de la loi d'attraction, qui devient un plus dans l'utilisation de la loi de la création, en l'occurrence de son secret, qu'est le mantra pyramide.

Selon ma compréhension, la loi de la création est la «mère», ou la «fille» de la loi d'attraction ou vice versa ; cela n'a point d'importance.

Tel est le cadeau que je partage avec vous à l'instant même.

La deuxième grande révélation que j'ai eue, concerne le mot «Je suis».

Révélation

Le Pouvoir vibratoire du mot JE SUIS.

Dans le domaine du développement personnel et spirituel, il est admis que tout énoncé qui est précédé par je suis, se concrétise tel que formulé. Exemple : Je suis en parfaite santé, je suis riche, je suis capable, je suis joyeux, je suis en paix, je suis généreux, je suis positif...etc. De nombreux cas vécus et de nombreux témoignages viennent confirmer cette constatation générale. De nos jours, la Physique quantique déborde de cas où l'affirmation de je suis, opère des merveilles dans la vie des gens qui s'en approprient.

Même avant notre ère moderne,   plusieurs philosophes et sages érudits des anciens temps ont déjà su utiliser avec succès le mot je suis.

En ma qualité de chercheur et de passionné de la numérologie, j'ai voulu comprendre pourquoi il en est ainsi avec ce mot si magique. Voici ce qu'il en est.

- La correspondance numérique de je suis est : Je = 1+5 = 6, suis = 1+3+9+1 = 14 = 5.

- La valeur numérique de je suis est donc 6+5 = 11. Pour des raisons vibratoires, on n'additionne pas 11, comme 1+1. 11 reste 11, parce que c'est un nombre spécial.

Ainsi la correspondance numérique de je suis est constituée d'abord par 6. 6 c'est 2fois la perfection, 2 fois la trinité ; puis par 5, qui représente le nombre de la vie.

La valeur numérique de je suis, 11 représente l'Abondance.

En additionnant la correspondance numérique de toutes les lettres de je suis, comme 1+5+1+3+9+1, nous obtenons 20 = 2 qui représente le nombre de

l'équilibre, le nombre des créations collectives, le nombre de l'harmonie et de la paix.

Concrètement, que signifie cette présentation ?

Le mot JE SUIS est puissant et magique pour des raisons suivantes, raisons de mon analyse qui devient en fait une révélation.

À chaque fois que vous prononcez mentalement ou verbalement, je suis, il se passe dans le monde invisible de la création les phénomènes ci-après.

Allons-y avec un énoncé : « Je suis capable ».

Par cette affirmation, vous déclenchez le processus de l'abondance de potentialités et de capacités de tout votre être. Vous mettez en branle les processus de la perfection, en y mettant la vie. Qui plus est, la manifestation de votre affirmation se fera avec équilibre, dans l'harmonie et la paix, en Co-création avec l'Univers.

Je viens de comprendre également, qu'en prononçant je suis, vous n'êtes plus seul `vous êtes au moins 2, vous et votre Ami intérieur invisible, et certainement vous êtes 3, en compagnie de l'Univers (Dieu. À chaque fois que vous prononcez je suis, vous faites 1 avec la trinité, vous devenez la trinité, vous devenez la perfection.

JE SUIS est un mantra-pyramide à lui tout seul. En l'ajoutant à un désir quelconque, vous êtes plus que certain d'obtenir, perfection, équilibre, harmonie, en plus de l'abondance de ce désir, dans sa réalisation et dans sa manifestation. Vous trouverez en annexe la combinaison de je suis avec certains désirs ou états d'être, et leur valeur numérique.

Toutefois, je veux terminer ce passage sur le mot je suis, en combinaison avec un état d'être spécial, la lumière. « **JE SUIS LUMIÈRE** »

Vous connaissez déjà la valeur numérique de je suis, passons à celle de la lumière. La valeur numérique du mot lumière, donne 11, soit le nombre de l'Abondance. Cela signifie qu'à chaque fois que vous affirmez « Je suis la lumière », vous donnez la vie à votre véritable nature, qui est celle d'un être divin dans un corps humain. Je suis la lumière, signifie, je suis la vie, je suis l'abondance, je suis la perfection, je suis

l'équilibre, je suis l'harmonie, je suis la paix, je suis la surabondance (11+11= 22), en somme je suis l'Amour inconditionnel. Amusez-vous, et prenez l'habitude d'affirmer encore et encore, **je suis lumière, je suis lumière, je suis lumière,** et observez comment vous vous sentez, bien n'est-ce pas ?

Pour clore le présent chapitre sur le Combien de l'utilisation du mantra-pyramide, il me fait plaisir de vous présenter ma troisième révélation, qui concerne le mot merci.

Révélation

Le Pouvoir vibratoire du mot MERCI.

En disant merci pour la réalisation d'un désir avant qu'il ne se manifeste dans votre expérience de vie, vous accélérez sa manifestation. Si vous pouvez remercier sincèrement encore et encore pour votre désir comme s'il était manifesté, vous accentuez son accélération dans votre monde visible. Bien évidemment, votre merci est adressé à l'Univers(Dieu), et l'Univers dans sa magnificence enlève le voile sur le désir réalisé afin qu'il soit manifesté.

Ces affirmations que je viens de vous présenter, proviennent des constats réels vécus par des milliers de personnes sur la terre qui sont très branchés sur leur Divin en eux.
Selon les expériences vécues par ces gens harmonieux dans toutes les sphères de leur vie, la manifestation du

désir est accélérée parce que, l'Univers considère la répétition de votre remerciement comme une preuve tangible de votre certitude intérieure, et vous épargne ainsi des périodes habituelles de polissement de votre « diamant » intérieur.

Par ailleurs, pour ceux qui s'intéressent à ce qui se passe dans le monde merveilleux invisible, dire merci correspond aux chansons des chœurs des Anges au
Ciel, Alléluia, Alléluia, Alléluia.
Pourquoi un tel mot a un si puissant pouvoir ? La réponse, je l'ai trouvé pour ma part dans son taux vibratoire que je vous présente à l'instant.

MERCI = 4+5+9+3+9 = 30 = 3
Comme vous le constatez, la valeur numérique de merci est 3. C'est donc la perfection, la trinité. Ma curiosité de chercheur me dit instinctivement, qu'il faut approfondir ma recherche ; et c'est ce que J'ai fait en analysant la correspondance numérique des 5 lettres qui constituent le mot merci.

- La première lettre M, représente le nombre 4 qui est le nombre de la création et de l'organisation.

- La deuxième lettre E, représente le nombre 5 qui est le nombre de la vie.

- La troisième lettre R représente le nombre 9 qui est le nombre du talent et de l'idéal.

- La quatrième lettre C représente le nombre 3 qui est le nombre de l'adaptation et de l'idée.

- La cinquième lettre I représente le nombre 9 qui est le nombre du talent et de l'idéal.

Selon les résultats de mon analyse et de ce qui m'a été révélé, en disant MERCI voici ce qui se produit :

- Vous mettez en marche le processus de création par rapport à l'objet ou le sujet de votre remerciement, en vous plaçant automatiquement dans la phase 3 de ce processus qui est la phase de Réception.

- En disant merci, vous acceptez de recevoir ce que l'Univers vous donne en lien direct avec votre demande. Par cet acte de remerciement, vous déclenchez les bases de l'organisation de la manifestation de votre désir qui a fait l'objet de votre demande, grâce à la loi de la création.

Concrètement, pour illustrer ces propos, je vous présente cette histoire.

Histoire

Alors qu'il était pris à la gorge par sa situation financière qui n'en finit pas de le perturber, un professionnel en comptabilité à son compte a décidé de demander de l'aide à l'Univers.

Connaissant plus ou moins le pouvoir de dire merci, il s'est promis de répéter 3 fois merci à toutes les heures de la journée jusqu'à l'heure de son coucher, et ce jusqu'à l'obtention de ce qu'il veut.

Avant même que la date d'échéance de ses gros paiements mensuels n'arrive, il reçoit une importante somme d'argent inespéré d'un ami à qui il avait donné gratuitement un coup de main dans le redressement comptable de ses affaires.

Par cette histoire, vous avez la preuve du déclenchement du processus de création, en permettant à l'Univers d'organiser les évènements comme il l'entend.

- Vous dites merci, et vous donnez instantanément la vie à la manifestation de votre désir pour lequel vous remerciez. La vie ici, signifie l'ensemble des circonstances, des évènements, des personnes et des êtres devant apparaitre dans l'expérimentation de ce désir. L'ami que le professionnel en comptabilité de notre histoire, a aidé et qui lui a fait un retour de l'ascenseur, représente la concrétisation de la vie déclenchée par son merci.

- Non seulement, dire merci vous permet de réaliser vos désirs sans grand effort, le fait de le répéter encore et encore, développe doublement en vous vos talents et raffine le contour de votre idéal de vie. Pour l'illustrer, je vous raconte une anecdote survenue il y a 28 ans.

Engagé par une très grande Société d'État à titre de cadre supérieur dans le domaine du développement organisationnel, au bout de 3 semaines de mon arrivée au sein de cette entreprise, une opportunité m'a été offerte d'y devenir Consultant-Facilitateur autonome ; opportunité que j'ai évidemment saisi et qui me permet de poursuivre encore aujourd'hui cette belle aventure. Ce qui s'est produit, c'est qu' à l'époque je vivais un contraste sévère sur le plan professionnel qui m'a permis de choisir de démissionner de la Fonction publique du TOGO, mon pays d'origine lorsqu'un ami est venu me dire que mes talents seraient plus utiles dans ladite compagnie.

Le secret, aujourd'hui je peux l'affirmer réside dans mon état de remerciement à l'Univers que je démontrais durant cette période de ma vie. En plus d'avoir un métier qui me passionne, je suis devenu un travailleur autonome et j'ai pu développer plusieurs outils de perfectionnement utiles aux gens, en milieu de travail ou non.

Je précise toutefois qu'à l'époque je ne connaissais pas le pouvoir vibratoire de merci, mais que je savais sa ressemblance avec les chansons des chœurs des Anges et Archanges au ciel, Alléluia, Alléluia, Alléluia. Je dis encore

merci à l'Univers à l'instant même ici, pour le développement de mes talents.

Enfin, la richesse du pouvoir de dire merci, se traduit par votre plus grande capacité d'agencement de vos idées inspirées qui accompagnent facilement, la manifestation de vos désirs, afin qu'elle soit parfaite.

Concrètement, voici une autre anecdote qui remonte au mois de février 2009.

Anecdote

Après avoir demandé à l'Univers de m'envoyer l'éditeur idéal pour mon tout dernier livre « **La clé de la vie des gens harmonieux, le P.R.A. Prendre le temps-Réfléchir-Agir** » mes incessantes périodes de remerciement anticipé m'ont permis de recevoir facilement et aisément cet éditeur nommé Bénévent de Nice en France, sur Internet.
Au bout de 2 tentatives infructueuses d'envoi le soir même, du manuscrit par courriel comme les Éditions le suggéraient sur leur site, j'ai été inspiré de l'envoyer le lendemain par courrier postal. Environ 2 semaines plus tard, j'ai reçu une réponse positive, et ce livre est présentement dans les librairies d'Europe, du Québec et du Canada. Encore une fois je dis merci à l'Univers pour toutes ces bénédictions et ces grâces.
Dites Merci, pour ce que vous n'avez pas encore reçu en étant convaincu que vous l'avez déjà virtuellement, et vous déclenchez dans l'invisible le processus de la création, d'organisation, de la vie, du développement de vos talents, en plus du processus d'adaptation et d'idée pour une parfaite manifestation de votre désir.

Essayez sur le champ. Prenez juste un tout petit désir que vous voulez voir se réaliser incessamment, et commencez à dire merci, encore et encore. Vous serez agréablement surpris. Allez-y, faites-le. Merci.

Je termine ce chapitre en vous rappelant que l'utilisation du Mantra-Pyramide ne donne que des bénéfices et des grâces, et que les seuls coûts que cela exige, se trouvent dans votre propre volonté et votre enthousiasme à vouloir réaliser un désir légitime. Si ce désir vous est légitime, pourquoi diantre, vous manquerez de volonté ? Vous n'avez plus aucune excuse pour ne pas utiliser votre mantra-pyramide déjà construit ou que vous avez construit vous-même.

Remarque importante sur la loi naturelle : « Je comprends et j'observe la loi naturelle» Dans l'une des pages précédentes, je me demandais si la loi d'attraction est la fille ou la mère de la loi de la création, et je mentionnais que cela n'a aucune importance, et c'est vrai. Toutefois, je veux attirer votre attention sur les points suivants :

- **Le Processus de la création se fait en 3 étapes :**
Je demande
L'Univers(Dieu) répond
Je reçois

- **La loi d'attraction stipule que :**
J'attire à moi tout ce qui fait l'objet (positif ou négatif) de mon attention soutenue

Toute pensée attire des pensées similaires et semblables

- **La loi de la manifestation de toutes choses, est la loi universelle de la répartition et de regroupement des éléments :**
Sur le plan physique ou matériel « Chacun selon son espèce »

Sur le plan mental « Construction des mots avec les 26 lettres de notre alphabet »
Sur le plan spirituel « Variation dans la combinaison des chiffres arabes »

- **La loi de la création (manifestation) sur le plan physique est régie par :**

Une formule rigoureuse « La forme, la qualité, et les fonctions de toute chose, tirent leur origine de la proportion et du regroupement des éléments matériels qui composent cette chose. »

Cinq principes que sont : La lumière, le son, l'odeur, la saveur, et la sensation.

Le secret de la loi de la création sur le plan physique, réside dans la construction et dans l'utilisation du Mantra-Pyramide

Nul doute que si vous détenez présentement ce présent livre, c'est parce que vous croyez justement en l'existence de l'Univers et de toutes ces lois.

Utilisez donc le secret de la loi de la création, c'est à dire le Mantra-Pyramide **en toute connaissance de la loi**, et jouissez de votre droit divin de Co-créateur avec l'Univers.

Ne dit-on pas qu'un humain averti, en vaut deux ?

Sachant ce que vous savez maintenant, n'est-ce pas votre cas, cher lecteur, chère lectrice ?

CONCLUSION

Que la lumière soit, et la lumière fut !

Au début de ce présent livre, vous avez appris comment son sujet est une histoire à raconter et en même temps une anecdote.

En le terminant, force est de constater que toute l'écriture de ce livre constitue également une histoire pleine, de révélations, d'anecdotes, d'histoires, de commentaires, le tout truffé de différents contrastes, avec des succès correspondants.

Ce que je retiens en conclusion, c'est que je viens de réaliser par cette écriture, ma propre initiation sur l'efficacité de l'utilisation du Mantra Pyramide.

C'est donc grandi, et enrichi par ces contrastes et succès initiatiques que je vous lègue le contenu, afin qu'à votre tour, vous puissiez l'utiliser à volonté avec un succès constant, à la hauteur de votre foi, ou de votre certitude intérieure.

Plus que jamais, j'affirme à nouveau : « **Je comprends et j'observe la loi naturelle.** »

EXTRAIT DU LIVRE

LE POUVOIR DES 7 RICHESSES DE LA VIE

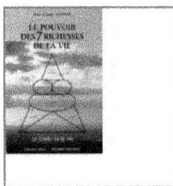

PRÉFACE

Ce bouquin vise à répondre aux personnes qui ont des faims et des soifs profondes de bonheur et qui sont incapables de trouver la voie qui les y conduit.

Essentiellement, l'ouvrage offre une présentation originale de la connaissance et de la chronologie des sept (7) richesses de la vie, qui sont accessibles à tous en vue d'une vie unifiée heureuse et épanouie **(Suite)**

INTRODUCTION

Que ce soit en milieu de travail ou non, nous sommes constamment interpellés face à nos émotions, à nos valeurs fondamentales et ou à celles des autres, dans la vie quotidienne. Cette interpellation agit directement ou indirectement sur notre mieux-être et donc sur notre joie de vivre.

« Les 7 richesses de la vie », titre du présent livre, qui sont en fait des dons de notre Créateur, ont un immense pouvoir positif ou négatif sur notre joie de vivre dépendamment du respect ou non de leur ordre chronologique et de leur interaction que nous en faisons.

Avant de passer au contenu du livre, je voudrais que vous preniez quelques instants pour répondre aux questions ci-après :

La santé spirituelle, que je nomme la paix intérieure, acquise, ne permet-elle pas une vie plus sereine, préalable nécessaire à notre bonheur et à notre mieux-être physique?

La santé mentale ou psychique, que je nomme le bonheur ou la joie intérieure, ne permet-elle pas à celui qui la possède, de se sentir plus aimé de son Créateur, de s'aimer davantage et d'être plus proche et sensible aux attentes d'autrui, en l'occurrence aux attentes des gens qu'il aime?

La santé physique, que je nomme la santé tout court, n'est-elle pas un don très précieux qui conditionne notre vie d'humain (matériel) sur la terre?

La famille, lorsqu'elle est unie et solidaire, n'est-elle pas le plus grand rempart aux émotions et au stress liés à notre joie de vivre sur terre?

Connaissez-vous des personnes, sincèrement en paix, heureuses et en bonne santé qui ont mis leur travail en primauté sur les 4 éléments précédents?

L'amitié qui n'est basée que sur des relations professionnelles et ou intéressées, produit-elle des résultats profonds, durables et positifs?

Lorsque l'argent est la finalité d'une vie, pensez-vous que les personnes qui en possèdent ainsi, ont réellement le temps pour le Créateur, leur famille et pensent sérieusement à leur paix intérieure et à leur santé?

Ces 7 questions, nous pouvons les multiplier car, dans mon vécu de Consultant-Facilitateur, j'ai eu la chance et le privilège de constater moi-même comment des gens en milieu de travail ou non, dépendamment de leur vision de ces 7 richesses ont la joie de vivre ou non, qu'ils aient de l'argent ou non.

C'est de ces 7 richesses que je considère comme des dons de notre Père Éternel, dont je traiterai dans le présent livre.

Aussi, la source de ces 7 richesses est selon moi celle qui doit être recherchée en premier, si nous voulons jouir pleinement d'elles, pour connaître la joie de vivre sur terre en sachant gérer convenablement nos émotions, nos stress et équilibrer nos valeurs fondamentales.

Comme vous l'avez remarqué, j'ai placé volontairement les 7 richesses dans un ordre chronologique décroissant mais je voudrais préciser que cet ordre bien que linéaire peut être circulaire de par les interactions qui existent entre elles.

En effet le secret de la joie de vivre émanant des 7 richesses, réside dans l'ordre dans lequel vous les acquériez et les utiliserez et ce, en fonction de la place que chacune d'elles occupe effectivement dans votre vie quotidienne.

Des remarques s'imposent pour une meilleure compréhension et une meilleure interprétation du contenu du présent livre.

Ce n'est pas parce que le travail est en 4e position qu'il faudra comprendre que si nous n'avons pas une famille, une bonne santé physique, spirituelle ou mentale, nous ne pourrions et ne devrions pas travailler pour atteindre la joie de vivre.

Au contraire, chaque humain sur la terre devra avoir l'opportunité et le privilège de travailler pour gagner sa vie ; toutefois quotidiennement avant d'aller travailler, chaque humain devrait accorder une attention toute particulière à son Créateur et reconnaître explicitement les cadeaux du Créateur que sont les 3 formes de santé et la famille (monoparentale ou non).

Force sera de constater que si le travail est perçu de la façon ci-haut décrite, automatiquement le travail deviendra de moins en moins une drogue voire un « dieu» mais de plus en plus un moyen d'accomplissement de chaque individu le rapprochant graduellement de son Créateur et des gens qu'il aime.

Ainsi, dans les pages qui vont suivre je vais tenter de vous livrer ma conviction intérieure à savoir qu'un effort de respect de l'ordre chronologique des 7 richesses tout en étant conscient des interactions, peut effectivement nous permettre d'avoir et de conserver une vraie joie de vivre ; ce n'est pas de la théorie mais de la réalité pratique fondée sur ma foi en Dieu et sur des expériences tangibles.

Cher lecteur, si sous croyez en l'existence de notre Créateur et en son Amour infini, alors n'hésitez pas, mettez en pratique les mécanismes et outils contenus dans ce livre et vous évaluerez vous-même les résultats sur votre vie de tous les jours. Merci de votre confiance.

Bonne lecture et bonne pratique quotidienne.

ANNEXES

ANNEXE 1 : Liste des mantra-pyramides versus les différentes sphères de la vie humaine

1-1   Paix intérieure : Santé spirituelle

Mantra-Pyramide : Affirmations

Je suis en paix avec moi-même, avec le Divin en moi, et avec l'Univers(Dieu) ici et maintenant.

Je suis un avec Dieu, je suis un avec l'Univers.

J'irradie la paix profonde, en moi, autour de moi, sur moi, maintenant et en tout temps.

Je reçois et je donne l'amour inconditionnel, maintenant et en tout temps

J'aime Dieu et Dieu m'aime.

Mantra-Pyramide : Demandes

Je veux savoir comment être en paix, avec moi-même, avec le Divin en moi, et avec l'Univers(Dieu).

Je veux être un avec Dieu, et avec l'Univers.

Je veux irradier la paix profonde, en moi, autour de moi, sur moi, maintenant et en tout temps.

Je veux savoir comment recevoir et donner l'amour inconditionnel.

Je veux savoir comment aimer Dieu.

Mantra-Pyramide : Supplications

Ô mon Dieu donne-moi la paix intérieure.

Ô mon Dieu soit un avec moi.

Ô mon Dieu irradie la paix profonde en moi, autour de moi, sur moi, maintenant et en tout temps.

1-2   Joie de vivre : Santé mentale

Mantra-Pyramide : Affirmations

J'ai la joie de vivre ici et maintenant.

Je m'aime et je me sens bien, maintenant et en tout temps.

J'ai confiance en moi, et je suis capable en tout ce que j'entreprends.

Je fais confiance aux autres, je fais confiance à la vie.

Je suis joyeux maintenant et en tout temps.

Mantra-Pyramide : Demandes

Je veux avoir la joie de vivre, ici et maintenant.

Je veux savoir m'aimer et me sentir bien, maintenant et en tout temps.

Je veux savoir comment développer ma confiance en moi.

Je veux savoir faire confiance aux autres et à la vie.
Je veux être joyeux maintenant et en tout temps.

Mantra-Pyramide : Supplications

Ô mon Dieu donne-moi la joie de vivre, ici et maintenant.

Ô mon Dieu aime moi pour me sentir bien, maintenant et en tout temps.

Ô mon Dieu augmente ma confiance en moi, et mes capacités intérieures

Ô mon Dieu aide-moi à faire confiance aux autres et à la vie.

Ô mon Dieu apprend-moi à être joyeux maintenant et en tout temps.

Ô mon Dieu accorde-moi la grâce de l'amour inconditionnel.

Ô mon Dieu montre-moi, comment T'aimer inconditionnellement.

1-3   Plaisir d'exister : Santé physique

Mantra-Pyramide : Affirmations

Je suis en parfaite santé maintenant et en tout temps.
Je suis la santé parfaite.

L'énergie vivifiante et régénératrice circule dans toutes les cellules de mon corps physique, ici-maintenant, et en tout temps.

Mon corps tout entier est beau, sain, et plein de vigueur, maintenant et en tout temps.

Je croque et je mords dans la vie, maintenant et en tout temps.

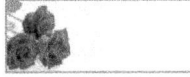

Mantra-Pyramide : Demandes

Je veux être en parfaite santé maintenant et en tout temps.
Je veux être la santé parfaite.

Je veux que l'énergie vivifiante et régénératrice circule dans toutes les cellules de mon corps physique, ici maintenant et en tout temps.

Je veux que mon corps tout entier soit beau, sain, et plein de vigueur, maintenant et en tout temps.

Je veux croquer et mordre dans la vie, maintenant et en tout temps.

Mantra-Pyramide : Supplications

Ô mon Dieu accorde-moi la santé parfaite.

Ô mon Dieu accorde-moi la grâce d'être la santé parfaite.

Ô mon Dieu fais circuler l'énergie vivifiante et régénératrice dans toutes les cellules de mon corps physique, ici et maintenant.

Ô mon Dieu fait en sorte que mon corps tout entier soit beau, sain, et plein de vigueur, maintenant et en tout temps.

Ô mon Dieu accorde-moi la grâce de pouvoir croquer et mordre dans la vie, maintenant et en tout temps.

1-4 Relations inter humaines familiales

Mantra-Pyramide : Affirmations

L'harmonie règne au sein de ma famille, maintenant et en tout temps.

Tous les membres de ma famille, s'aiment et se comprennent réciproquement, maintenant et en tout temps.

Tous les membres de ma famille, baignent dans une ambiance de joie et de gaieté, maintenant et en tout temps.

Tous les membres de ma famille, sont tolérants les uns envers les autres, maintenant et en tout temps.
Tous les membres de ma famille communiquent agréablement entre eux, et se respectent réciproquement.

Mantra-Pyramide : Demandes

Je veux que l'harmonie règne au sein de ma famille, maintenant et en tout temps.

Je veux que les membres de ma famille, s'aiment et se comprennent réciproquement, maintenant et en tout temps.

Je veux que tous les membres de ma famille, baignent dans une ambiance de joie et de gaieté, maintenant et en tout temps.

Je veux que tous les membres de ma famille, soient tolérants les uns avec les autres, maintenant et en tout temps.

Je veux que tous les membres de ma famille, communiquent agréablement entre eux, et se respectent réciproquement.

Mantra-Pyramide : Supplications

Ô mon Dieu fait en sorte que l'harmonie règne au sein de ma famille, maintenant et en tout temps.

Ô mon Dieu accorde aux membres de ma famille, la grâce de s'aimer et de se comprendre réciproquement, maintenant et en tout temps.

Ô mon Dieu fait en sorte que les membres de ma famille, baignent dans une ambiance de joie et de gaieté, maintenant et en tout temps.

Ô mon Dieu accorde à tous les membres de ma famille, la grâce d'être tolérants les uns avec les autres, maintenant et en tout temps.

Ô mon Dieu fait en sorte que tous les membres de ma famille, communiquent agréablement entre eux, et se respectent réciproquement.

1-5 Relations amoureuses

Mantra-Pyramide : Affirmations

J'attire et j'ai maintenant, simplement et joyeusement, une amoureuse idéale dans ma vie.

Les relations entre mon amoureuse et moi, sont franches, aimantes et respectueuses, maintenant et en tout temps.

Mon amour pour mon amoureuse grandit de plus en plus chaque jour, et réciproquement, maintenant.

Les relations sensuelles entre mon amoureuse et moi sont joyeuses, plaisantes, et harmonieuses, maintenant et en tout temps.

Ma vie amoureuse est comblée, et épanouie, maintenant et en tout temps.

Mantra-Pyramide : Demandes

Je veux attirer et avoir maintenant, simplement et joyeusement une amoureuse idéale dans ma vie.

Je veux que les relations entre mon amoureuse et moi, soient franches, aimantes et respectueuses, maintenant et en tout temps.

Je veux que mon amour pour mon amoureuse grandisse de plus en plus chaque jour, et réciproquement, maintenant.

Je veux que les relations sensuelles entre mon amoureuse et moi, soient joyeuses, plaisantes, et harmonieuses, maintenant et en tout temps.

Je veux que ma vie amoureuse soit comblée, et épanouie, maintenant et en tout temps.

Mantra-Pyramide : Supplications

Ô mon Dieu accorde-moi la grâce d'attirer et d'avoir maintenant, simplement, et joyeusement une amoureuse idéale dans ma vie.

Ô mon Dieu fait en sorte que les relations entre mon amoureuse et moi, soient franches, aimantes, et respectueuses, maintenant et en tout temps.

Ô mon Dieu fait grandir de plus en plus chaque jour mon amour pour mon amoureuse, et réciproquement, maintenant.

Ô mon Dieu accorde-moi la grâce d'avoir des relations sensuelles, joyeuses, plaisantes, et harmonieuses, avec mon amoureuse, maintenant et en tout temps.

Ô mon Dieu fait en sorte que ma vie amoureuse soit comblée, et épanouie, maintenant et en tout temps.

1-6   Relations inter humaines sociales

Mantra-Pyramide : Affirmations

J'attire et j'ai maintenant, simplement et joyeusement de très bons amis de vie.

Les relations entre mes amis et moi sont franches, cordiales, et respectueuses, maintenant et en tout temps.

L'attitude mentale de soutien et d'accompagnement réciproque, règne entre mes amis et moi, maintenant et en tout temps.

J'organise avec mes amis, des activités plaisantes, joyeuses, et enrichissantes, maintenant et en tout temps.

La sincérité est le fil conducteur de mes relations avec mes amis, réciproquement, maintenant et en tout temps.

Mantra-Pyramide : Demandes

Je veux attirer et avoir maintenant, de très bons amis de vie, simplement et joyeusement.

Je veux que les relations entre mes amis et moi, soient franches, cordiales, et respectueuses, maintenant et en tout temps.

Je veux qu'il règne entre mes amis et moi, une attitude mentale de soutien et d'accompagnement réciproque, maintenant et en tout temps.

Je veux organiser avec mes amis, des activités plaisantes, joyeuses, et enrichissantes, maintenant et en tout temps.

Je veux que la sincérité soit le fil conducteur de mes relations avec mes amis, maintenant et en tout temps.

Mantra-Pyramide : Supplications

Ô mon Dieu fait en sorte que j'attire et que j'ai de bons amis de vie, simplement et joyeusement.

Ô mon Dieu fait en sorte que les relations entre mes amis et moi soient franches, cordiales, et respectueuses, maintenant et en tout temps.

Ô mon Dieu permet qu'il règne entre mes amis et moi, une attitude mentale de soutien et d'accompagnement réciproque, maintenant et en tout temps.

Ô mon Dieu fait en sorte que j'organise avec mes amis, des activités plaisantes, joyeuses, et enrichissantes, maintenant et en tout temps.

Ô mon Dieu permet que la sincérité soit le fil conducteur de mes relations avec mes amis, maintenant et en tout temps.

1-7   Le travail

Mantra-Pyramide : Affirmations

J'attire et j'ai maintenant un travail plaisant, valorisant, et bien rémunéré en tout temps.

J'ai de bonnes relations cordiales avec les dirigeants, les employés et, avec mes collègues de notre entreprise, maintenant et en tout temps.

Je donne le meilleur de moi-même dans mon travail, maintenant et en tout temps.

Mantra-Pyramide : Demandes

Je veux attirer et avoir maintenant un travail plaisant, valorisant, et bien rémunéré en tout temps.

Je veux avoir de bonnes relations cordiales avec les dirigeants, les employés et, avec mes collègues de notre entreprise, maintenant et en tout temps.

Je veux donner le meilleur de moi-même dans mon travail, maintenant et en tout temps.

Mantra-Pyramide : Supplications

Ô mon Dieu crée pour moi maintenant un travail plaisant, valorisant, et bien rémunéré en tout temps.

Ô mon Dieu fait en sorte que j'ai de bonnes relations cordiales avec les dirigeants, les employés et, avec mes collègues de notre entreprise.

Ô mon Dieu aide-moi à donner le meilleur de moi-même dans mon travail, maintenant et en tout temps.

1-8 L'Argent

Mantra-Pyramide : Affirmations

J'attire et j'ai maintenant, simplement et joyeusement, beaucoup d'argent dans ma vie et dans mes comptes bancaires, en tout temps.

Je suis riche et financièrement indépendant, maintenant et en tout temps.

J'expérimente maintenant, la joie et le plaisir de l'abondance infinie et de la liberté financière totale.
Mantra-Pyramide : Demandes

Je veux attirer et avoir maintenant, simplement et joyeusement, beaucoup d'argent dans ma vie et dans mes comptes bancaires, en tout temps.

Je veux être riche et financièrement indépendant, maintenant et en tout temps.

Je veux pouvoir expérimenter maintenant, la joie et le plaisir de l'abondance infinie et de la liberté financière totale.

Mantra-Pyramide : Supplications

Ô mon Dieu fait en sorte que j'attire et j'ai maintenant, simplement, et joyeusement, beaucoup d'argent dans ma vie et dans mes comptes bancaires, en tout temps.

Ô mon Dieu fait en sorte que je sois riche et financièrement indépendant, maintenant et en tout temps.

Ô mon Dieu fait en sorte que je puisse expérimenter maintenant, la joie et le plaisir de l'abondance infinie et de la liberté financière totale.

ANNEXE 2 :

Réduction théosophique des nombres après le chiffre 9

10 = 1+0 =1   11 = 1+1 =2   12 = 1+2 =3   13 = 1+3 =4
14 = 1+4 =5

15 = 1+5 =5   16 = 1+6 =7   17 = 1+7 8   18 = 1+8 =9   19
= 1+9 =1

20 = 2+0 =2   21 = 2+1 =3   22 = 2+2 =4   23 = 2+3 =5   24 =
2+4 =6

25 = 2+5 =7   26 = 2+6 =6   27 = 2+7 =9   28 = 2+8 =1   29 =
2+9 =11=2

30 = 3+0 =3   40 = 4+0 = 4   50 = 5+0 =5   60 = 6+0 =6
70 = 7+0 =7

80 = 8+0 =8   90 = 9+0 =9   100 = 1+0+0 =1

À partir du nombre 100, vous recommencez le processus comme vous l'avez fait à partir du nombre 10.

ANNEXE 3 : Correspondance numérique des 26 lettres de notre alphabet

A = 1 B = 2 C = 3 D = 4 E = 5 F = 6 G = 7 H = 8 I = 9
J = 1 K = 2 L = 3 M = 4 N = 5 O = 6 P = 7 Q = 8
R = 9

S = 1 T = 2 U = 3 V = 4 W = 5 X = 6 Y = 7 Z = 8

ANNEXE 4 :

Liste des différentes affirmations versus la variation des proportions et de regroupement

4-1 : Première combinaison

Je me sens bien, je suis en paix avec moi-même, je suis en harmonie avec moi-même, je suis joyeux, ici et maintenant.

Je me sens bien, je suis en paix avec moi-même et avec le Divin en moi, je suis en harmonie avec moi-même et avec le Divin en moi, je suis joyeux, ici et maintenant.

Je me sens bien, je suis en paix avec moi-même, avec le Divin en moi et avec l'Univers, je suis en harmonie avec moi-même, avec le Divin en moi et avec l'Univers, je suis joyeux, ici et maintenant.

4-2 : Deuxième combinaison

- Je suis en parfaite santé, ici et maintenant. Merci.
- Je suis la santé parfaite, je suis en santé parfaite, ici et maintenant. Merci.

  Je suis la santé parfaite, je suis en santé parfaite, j'irradie la vie dans tout mon être, ici et maintenant. Merci.

4-3 Troisième combinaison

Je m'aime, et je me sens bien ici et maintenant.
Je m'aime, je me sens bien, et je me fais du bien ici et maintenant.

Je m'aime, je me sens bien, je me fais du bien, je le suis le Bien ici et maintenant.

4-4 : Quatrième combinaison

Je suis joyeux, je suis enthousiaste, je suis heureux ici et maintenant.

Je suis joyeux, je suis enthousiaste, je suis heureux, je suis le Bonheur, ici et maintenant.

Je suis joyeux, je suis enthousiaste, je suis heureux, je suis le Bonheur, je suis la Joie, ici et maintenant.

4-5   : Cinquième combinaison

- L'Univers (Dieu) m'aime et prend soin de moi, j'aime Dieu.
- L'Univers(Dieu) m'aime et prend soin de moi, j'aime Dieu, je suis en Dieu.
- L'Univers(Dieu) m'aime et prend soin de moi, j'aime Dieu, je suis en Dieu, Dieu est en moi.

4-6 Sixième combinaison

Parce que L'Univers(Dieu) m'aime, je deviens Amour.

Parce que l'Univers(Dieu) m'aime, je deviens Amour et Sagesse.

Parce que l'Univers(Dieu) m'aime, je deviens Amour, Sagesse, et Vérité.

ANNEXE 5 :

Tableau d'auto-évaluation des différents types de personnalité de créateurs de Mantra-Pyramide

Cochez dans la case correspondante de votre type de personnalité

5 = Toujours 4 = Souvent 3 = Parfois 2 = Rarement 1 = Jamais

Type de personnalité	5	4	3	2	1
Je suis capable de visualiser ou d'imaginer					
J'ai le temps pour rêvasser à mes désirs					
J'ai de la difficulté à me concentrer assez longtemps sur 1 seule pensée					
J'aime ressentir par anticipation mon désir réalisé encore et encore					
Ma foi en l'Univers(Dieu) est assez forte					
Je crois aux affirmations					

Je préfère demander à l'Univers(Dieu) que d'affirmer J'écris moi-même l'énoncé de mes désirs Je m'adresse à l'Univers lorsque je suis dans le manque ou lorsque j'ai peur pour le lendemain J'utilise une technique précise pour garder le focus sur mon désir Ma foi en l'Univers(Dieu) est forte mais je me laisse gagner par le doute	

Le Mantra-Pyramide : Guide Aide-mémoire

Guide Aide-mémoire Anecdotes :

Preuve de l'efficacité d'utilisation du Mantra-Pyramide

Le présent livre que vous tenez en mains en ce moment, est le fruit de l'utilisation du Mantra Pyramide, mise en branle quelques semaines auparavant alors que j'attendais fébrilement le début de ma formation d'Auteur Aligné, que j'allais suivre en vue de me perfectionner.

En effet, en décembre 2008 sachant que j'allais suivre cette formation citée précédemment, après avoir demandé à l'Univers (Dieu) de m'inspirer clairement le sujet de mon prochain ouvrage à écrire durant la formation, j'ai créé, le Mantra-Pyramide correspondant.

Le jour même que je devrais recevoir le contenu de la 1ère leçon de la formation, quelques heures auparavant, j'ai revécu sans le vouloir des images et des émotions de joie intense et de gratitude en rapport avec un résultat extraordinaire obtenu en 2006; résultat soit dit en passant qui a reprécisé l'itinéraire de ma vie professionnelle, et spirituelle.

Immédiatement, j'ai demandé à mon Être intérieur «Ami intérieur invisible», ce que signifiaient pour moi ces émotions si agréables.

La réponse instantanée est : « Écris ton prochain livre sur

«Le Mantra-Pyramide» **Mantra-Pyramide parfait**

Lorsque j'ai commencé à apprendre à bâtir les Mantra-Pyramide, je voulais absolument des mantra-pyramide parfaits. Peine perdue, puisque dans plusieurs circonstances où je formulais mes énoncés de désirs, je n'avais pas le temps de m'attarder à cette perfection, étant donné que je devais absolument résoudre un ou des problèmes pour moi ou pour autrui. Sans cette perfection obtenue, j'utilisais quand même avec succès, les mantra-pyramide que je bâtissais. Puis un jour, en voulant bâtir un mantra-pyramide spécifique, ayant plus de temps à y consacrer, je constate que plusieurs lettres des mots de mon énoncé sont similaires par leur nombre entre eux mais, une fois l'addition des nombres terminée pour en faire le mantra pyramide, ces nombres s'évaporaient dans leur réduction, nécessaire à la naissance d'un mantra-pyramide.

J'ai donc compris que, plus les lettres des mots de l'énoncé dansaient harmonieusement entre eux, plus il y a plus de probabilités d'avoir plusieurs mots qui dansent entre eux, par leur valeur numérique ; mais pas nécessairement leur totalité.

La Profondeur de la loi de la création

Au début de l'utilisation de la méthode préconisée, l'ayant pratiqué à la lettre pour un désir bien spécifique qui devrait se matérialiser dans les plus brefs délais selon mon point de vue, n'ayant pas obtenu le résultat souhaité, loin de vouloir douter de l'efficacité du Mantra-Pyramide formé pour ledit désir, ma curiosité de chercheur s'est aiguisée pour comprendre l'essence de la méthode d'utilisation du mantra-pyramide telle que préconisée.

Entre-temps, dès que j'ai choisi de mieux comprendre l'essence du comment du comment utiliser le mantra pyramide, mon désir non réalisé, s'est soudainement manifesté sous une autre forme que je n'avais pas envisagée auparavant.

Il fallait que cela arrive de cette façon pour que je découvre la profondeur de la loi de la création dans ce comment utiliser le mantra-pyramide ; profondeur que j'ai l'immense plaisir de partager avec vous en ce moment. C'est de cette profondeur dont je vais vous entretenir dans les prochains chapitres.

Temps nécessaire de manifestation de tout désir

Lorsque j'ai commencé d'utiliser assidument le mantra pyramide selon la méthode décrite précédemment, une fois, concernant un désir particulier, je me suis appliqué à répéter 3 fois consécutives le mantra-pyramide approprié et à rester en silence pendant 15 minutes chaque jour.

Dans ce silence méditatif je ressentais à chaque fois, une telle énergie bouillonnante joyeuse dans tout mon corps, au point qu'après 3 jours j'ai arrêté de poursuivre. Tellement, j'étais joyeux et convaincu que le désir est déjà manifesté.

À ma grande surprise, à la date d'échéance prévue pour la manifestation dudit désir, le résultat n'était pas au rendez-vous. Sachant par plusieurs expériences vécues et éprouvées que tout ce que je demande à Dieu m'est, toujours, donné j'ai vite compris que je venais de vivre l'expérience de **la force** émanant du **silence** méditatif, et j'ai conclu qu'il fallait que je recommence le processus pour ce désir précis.

Ce que j'ai fait victorieusement. Il y a un temps pour toute manifestation de désir ! J'y reviendrai. **Pas capable de visualiser ou d'imaginer**

Un jour, une de mes clientes déconcertée me confie qu'elle
a du mal à s'entendre avec ses collègues de travail et
qu'elle vit un stress à chaque fois qu'elle se trouve en
compagnie de certaines personnes dans son champ
d'exécution de ses tâches.

Sans faire exprès, je lui suggère tout bonnement de voir
dans son esprit et dans sa tête qu'elle est en harmonie avec
tous les membres de son équipe de travail, et qu'elle
travaille dans la joie avec les uns et les autres.
 Réaction immédiate, elle m'avoue que c'est plus facile à
dire qu'à faire, et qu'elle n'est pas capable de se visualiser
comme je le lui demande. Elle tient à son travail qu'elle
aime, mais ne se sent plus bien à l'idée de faire équipe avec
certaines personnes en particulier.
Cette dame croit beaucoup en l'Univers à qui elle ne cesse
de demander de l'aide en vain selon elle.
Tout d'abord, je lui ai fait comprendre ce qui suit :
« Ce n'est pas parce que vous n'êtes pas capable de
visualiser votre désir réalisé, que votre situation perdure.
En croyant cela vous vous bloquez mentalement,
empêchant vos bonnes pensées de s'envoler vers l'Univers
et ainsi se matérialiser comme vous le souhaitez. Tout ce
que vous avez à faire c'est de formuler précisément ce que
vous voulez et, immédiatement c'est qu'elle a fait en ma
compagnie. »
 Après quelques minutes d'observation et d'analyse de sa
situation elle est arrivée à formuler ainsi le mantra
pyramide approprié « **Je suis maintenant en parfaite
harmonie avec tous mes collègues de travail, et nous
travaillons tous dans la joie, chaque jour. Merci.** »

Respectant assez rigoureusement la méthode d'utilisation de son Mantra-Pyramide que je lui ai suggérée, au bout de 3 semaines environ, elle m'informe que l'atmosphère de travail a positivement changé et qu'elle se sent intégrée à son équipe de travail dont les membres n'ont pas changé pourtant.

Aux dernières nouvelles, j'ai appris qu'elle a été promue surintendante en remplacement de leur ancienne chef d'équipe et qu'elle s'apprête à prendre sa retraite bien méritée.

Si donc vous faites partie de ce groupe d'individus comme cette cliente, vous n'avez plus d'excuses pour ne pas réaliser ce qui vous tient si bien à cœur.

Voici une anecdote à ce propos. Un de mes clients il y a quelques année s'est levé un bon matin avec des douleurs aux deux genoux ; douleur assez sérieuse l'empêchant de faire des exercices physiques qu'il affectionne.

C'est un monsieur qui croit beaucoup au pouvoir de l'esprit sur la matière et est convaincu qu'il peut guérir son mal de genoux. Toutefois, il ne croit pas aux effets des affirmations et s'empêche d'en formuler pour guérir ses genoux.

Durant notre rencontre hebdomadaire de coaching, il m'en parle et je lui ai suggéré de formuler ce qu'il veut en autant que cela a rapport avec la guérison de ses genoux.

Aimant pratiquer le ski alpin, je lui ai demandé de me formuler un mantra en lien avec sa guérison et l'un de ses sports préférés.

Une semaine plus tard il me présente sa formulation comme suit : « **Je me vois en train de skier sur le Mont Sutton, en pleine forme et dans la joie. C'est ce que je souhaite vraiment. Univers fais en sorte que cela se produise le plus tôt possible. Merci.** »
Avec ce mantra qu'il a fabriqué lui-même, pendant 21 jours matin et soir il effectuait son silence méditatif. Au bout de ces 21 jours la douleur de ses genoux a complètement disparu et il a pu skier l'hiver de cette année.
Ce qu'il faut retenir, que vous ne croyiez pas aux effets des affirmations, c'est votre droit et c'est aussi votre droit de créer le mantra qui vous convient pour manifester votre désir.
En annexe, vous trouverez différents mantra pyramides par rapport à différentes situations d'expérience de vie humaine (santé, paix intérieure, relations amoureuses, travail, argent, etc…)

Un habitué matinal du Métro de Paris en France, avant de monter à bord du train de Métro qui doit le conduire à son lieu de travail, s'asseyait sur un des bancs dans le hall, les yeux fermés avec un sourire radieux sur le visage, il faisait fi des vacarmes et du bruit des trains qui allaient et venaient à sa station. À chaque fois, après environ 10 minutes resté, dans cet état, il ouvrait les yeux, tout joyeux et montait à bord du train qui venait de s'arrêter.
Un jour, un autre habitué de la même heure, curieux, approche notre Monsieur pour lui demander ce qu'il a l'habitude de faire chaque matin avant de prendre son train. Notre méditant, c'est le nom que je lui donne ici, avoue candidement ceci : « Tous les matins, avant de monter à bord du Métro, je m'imagine au bord de la mer dans mon pays d'origine, assis face à ses vagues, réchauffé par les rayons du beau soleil de l'avant-midi, je contemple la mer.

Pendant ce temps, je me répète que je suis en paix avec la mer et avec moi-même. C'est un rituel que j'ai appris avec mon père à réaliser en vrai lorsque j'étais chez moi, dans mon pays d'origine et que je transpose ici en imaginaire. Cela m'aide à bien partir ma journée de travail qui est très stressant. » Notre méditant, est-il familier avec le mantra pyramide ? Je l'ignore mais, chose certaine, il sait rendre paisible son cœur grâce à son affirmation. Ce n'est donc pas le lieu physique qui est le plus fondamental.

Alors que je devais compenser rapidement un manque à gagner financier dû à des changements survenus soudainement dans le déroulement de mes contrats, après avoir utilisé le mantra-pyramide approprié (voir Annexes), non seulement j'ai compensé ce manque à gagner, de plus j'ai obtenu un nouveau contrat avec un nouveau client. C'est formidable, et j'en suis encore aujourd'hui, ému, heureux et reconnaissant envers l'Univers pour toutes ces bénédictions.

Ma récente connaissance de l'utilisation des concepts de la loi d'attraction, a eu du mal à cohabiter avec ma pratique d'utilisation du mantra-pyramide. Selon la loi d'attraction, toute pensée émise attire une pensée similaire. Une pensée de manque de quoi que ce soit, attire une pensée similaire. Vice versa, une pensée d'abondance attire une pensée jumelle.

Or, selon les données de la loi de la création qui vous sont présentés dans ce livre, c'est la variation du taux vibratoire des mots qui composent votre pensée contenue dans le mantra-pyramide de votre choix, qui produit la manifestation de votre désir, peu importe les circonstances, de manque, de besoin, d'insécurité, etc.

En d'autres termes, même si vous êtes dans une situation de manque de relations amoureuses harmonieuses par exemple, si vous formulez votre mantra-pyramide pour désirer le contraire, vous l'aurez.

Apparemment, c'est comme si la loi d'attraction serait en opposition avec la loi de la création ; et ce n'est pas le cas. Pourtant, chaque phrase que j'écris pour vanter le mantra-pyramide qu'on peut utiliser à toutes les sauces, je me sens tiraillé à cause du concept de la loi de l'attraction.

Et pour enfoncer cette confusion dans mes certitudes, lors d'un contraste de manque ponctuel d'argent, j'ai utilisé sans succès le mantra pyramide habituellement approprié. Au lieu de compenser le manque, je l'ai accentué involontairement, au point d'arrêter quelques jours l'écriture du livre.

Je sais que mon mantra-pyramide pour des situations de manque a toujours eu du succès, et je sais également que le processus de la création de la loi d'attraction est complémentaire à la loi de la création.

Concrètement, voici une autre anecdote qui remonte au mois de février 2009.

Après avoir demandé à l'Univers de m'envoyer l'éditeur idéal pour mon tout dernier livre « **La clé de la vie des gens harmonieux, le P.R.A. Prendre le temps-Réfléchir-Agir** » mes incessantes périodes de remerciement anticipé m'ont permis de recevoir facilement et aisément cet éditeur nommé Bénévent de Nice en France, sur Internet.

Au bout de 2 tentatives infructueuses d'envoi le soir même, du manuscrit par courriel comme les Éditions le suggéraient sur leur site, j'ai été inspiré de l'envoyer le lendemain par courrier postal. Environ 2 semaines plus tard, j'ai reçu une réponse positive, et ce livre est présentement dans les librairies d'Europe, du Québec et du Canada. Encore une fois je dis merci à l'Univers pour toutes ces bénédictions et ces grâces.

Mr Mambo : Chef-cuisinier

Passionné par le jardinage, et la culture de fruits et de légumes, Mr Mambo (nom fictif), est chef cuisinier dans un hôtel 2 étoiles dans une petite communauté de 1000 habitants, située au bord d'un magnifique lac sous des montagnes rocheuses, dont le relief fait miroiter magiquement les rayons du soleil quotidien peu importe la station géographique où il se trouve.

Approchant la soixantaine, Mr mambo y travaille depuis plus de 15 ans et souhaite y demeurer jusqu'à sa retraite qu'il prévoit pour ses 65 ans. Nous sommes à la fin des années 80 et au début des années 90.

Avec la récession mondiale qui secouait beaucoup de restaurants et d'hôtels, la communauté de Mr Mambo étant de vocation touristique, celui-ci craignant pour son emploi, décida de transmuter la situation en sa faveur.

Connaissant approximativement, les concepts de la loi de la répartition et de regroupement des éléments, Mr Mambo proposa au propriétaire de l'hôtel de lui vendre à prix compétitif, les tomates et les concombres de son jardin; proposition qui fut acceptée, sachant que les fruits et les légumes du jardin de Mr Mambo sont d'une très grande qualité.

Dès lors, chaque jour au moment de cueillir les tomates et les concombres dans son jardin pour l'hôtel, il répétait mentalement ce qui suit : « **Je veux conserver mon emploi, je vais conserver mon emploi, je conserve mon emploi jusqu'à ma retraite. J'en suis sûr.**

Tous les clients qui mangent ces tomates et ces concombres produits avec tout mon amour, sont en bonne santé, sont joyeux et parlent de notre hôtel et surtout de sa cuisine à d'autres personnes de leur connaissance, qui viennent à leur tour dans notre hôtel.

Les chambres de notre hôtel sont toujours occupées par des clients, et notre restaurant est également plein de monde, matin, midi, et soir. Je remercie l'Univers pour tout cela maintenant. Merci. »

Puis il apportait les tomates et les concombres cueillis au restaurant en vue de leur préparation. Jouissant de sa fonction de chef-cuisinier, durant la préparation des repas pour les clients, de temps en temps il répétait mentalement : «**Chers clients, vous êtes en bonne santé. Merci.**»

Non seulement, la récession n'a pas touché cette communauté, mais en plus et surtout Mr Mambo a conservé son emploi jusqu'en 1994, en plus d'avoir fait de l'argent avec la vente de ses fruits et légumes à son hôtel.

Et, aux dernières nouvelles, le fils ainé de Mr Mambo a pris sa relève en tant que fournisseur privilégié de fruits et de légumes de l'hôtel de leur communauté, hôtel qui, soit dit en passant, a agrandi le restaurant.

C'est l'histoire d'un groupe de six copains, de 3 jeunes hommes et de 3 jeunes filles tous dans la, mi vingtaine qui organisent assez souvent des « surprises – party» pour créer des occasions de danser, et développer **si possible** leur affinité réciproque. Ce sont donc des jeunes qui veulent partager leurs intérêts pour la musique et la danse et qui ont la joie de vivre.

Fraichement arrivés sur le marché de l'emploi, ils n'ont pas de sérieuses obligations ou responsabilités et sont à la recherche de leur âme-sœur; leur soirée de danse leur servant de moyen pour y arriver.

À la fin de chaque semaine de travail, plus précisément, les vendredis et les samedi soirs, ou bien ils se réunissent dans les appartements d'un du groupe ou ils vont dans des discothèques de leur quartier pour aller danser. Durant les soirées de danse, ils dansent de façon rotative entre eux, tantôt telle cavalière, tantôt telle autre. D'une manière non avouée ou du moins non explicite, 3 couples d'amoureux essaient à chaque soirée de se former. Dépendamment, du rythme de la musique qui se joue, tel garçon invite telle fille et vice-versa d'une manière rotative. Un soir, alors que l'on jouait du **sou cous** qui est une musique africaine typique de la République démocratique du Congo(Zaïre) un seul couple s'est vraiment formé et les 4 autres copains dansaient de façon solitaire sans porter trop d'attention aux uns et aux autres.

Après cette musique qui a en fait harmonisé le 1er couple du groupe, au rythme latino-américain plus précisément cubain, le même phénomène s'est produit, donnant naissance à un 2e couple.

Ce soir-là, les intérêts pour la danse se sont enrichi des intérêts plus affectueux pour les jeunes hommes et les jeunes filles des deux couples formés.

Cette harmonie naissante provient de la correspondance vibratoire du rythme musical, en affinité avec les cellules et les fibres des individus concernés, qui a créé un état de séduction entre les membres des jeunes couples.

Ainsi, les deux couples formés représentent les désirs, les soirées de danse peuvent être comparées aux mots-pensées, et la musique avec les différents rythmes, sont les nombres ou les chiffres arabes dans le cas d'un Mantra-Pyramide.
La variation des rythmes musicaux a agi sur les 2 couples, comme la variation des nombres agit sur les mots-pensées.
Elle déclenche en somme le processus magique d'attirance et de séduction.

Un Support à 3 pattes

« Tout objet qui est posé sur un support ayant 3 pattes, ne peut jamais trébucher. »

Cette affirmation qui est en fait un proverbe togolais, est un mantra-pyramide qu'utilisait un fermier dans mon coin de pays d'origine(Togo), pour m'expliquer le secret de ses succès de chasse aux gibiers, et de ses récoltes abondantes des produits vivriers de son exploitation agricole. Ce fermier, c'était un de mes grands cousins que j'allais visiter durant la période de mes grandes vacances lorsque j'étais jeune adolescent, alors que je vivais au Togo.

Durant les quelques jours que je passais avec lui et sa famille (ses femmes et ses enfants), j'étais toujours stupéfait de le voir revenir de chasse avec au moins 2 ou 3 gibiers bien dodus, sans compter les nombreux canards sauvages tués qu'il trimbalait pour l'occasion, dans sa charrette des produits vivriers (mais, riz, haricot, sorgho, ignames, etc.)

Les parcelles de son champ agricole étaient subdivisées et identifiées en fonction de ses produits vivriers. En observant et en comparant, les produits de son champ avec ceux des autres fermiers du village, j'étais toujours subjugué par la différence avantageuse qui allait à son crédit d'exploitant agricole hors pair.

Un soir, après m'avoir montré non sans fierté ses succès que les autres admiraient sans aucune apparence de jalousie, lorsque nous sommes revenus dans sa maison, il me demande si je voulais connaitre le secret de sa réussite ; la réponse n'a pas tardé, c'est oui.

C'est alors, qu'il me répète cette phrase « Tout objet qui est posé sur un support ayant 3 pattes, ne peut jamais trébucher, oh non, jamais, me martèle-t-i, que ce soit, un tabouret, une table, un fourneau de 3 roches, etc. » D'après lui, cette affirmation est une formule magique qu'il répète par moment depuis le lever du soleil, jusqu'à la tombée de la nuit. Il m'expliquait qu'à chaque jour, avant qu'il n'aille au champ pour aller semer, désherber, ou entretenir ses produits vivriers, ou avant qu'il n'aille à la chasse, il parlait tout haut à son Dieu créateur en ces termes :

« Tout Puissant, j'ai une nombreuse famille à nourrir et je veux que tous les miens aient toujours en tout temps, ce dont ils ont besoin. J'en suis leur responsable. Donne-moi toutes les meilleures récoltes vivrières qui soient dans mon champs, et met toujours sur mon sentier de chasse, les plus beaux gibiers qui existent dans ma région et dans ses environs. Merci Tout Puissant.»

Après avoir fini de prononcer cette prière qui lui est toute personnelle, mentionne-t-il, il passe le reste de sa journée à répéter sa formule magique en vaquant à ses occupations journalières, toujours dans la bonne humeur.

Comme pour m'en convaincre, à la fin de son explication sur le secret de sa réussite, il prit 3 roches de pierres rectangulaires qu'il plaça en forme de triangle pour former un fourneau traditionnel, et posa un bol d'eau là-dessus. Le bol d'eau était en équilibre parfait.

Puis, volontairement il enleva l'une des roches pour me faire constater que le bol ne pouvait plus être en équilibre. Je me rappelle de cette histoire comme si c'était hier, puisque après plus de 3 décennies plus tard, je me sers de cette formule de mon grand cousin avec une certaine adaptation, au vu de mon évolution personnelle.

Cette histoire, je vous la raconte en lien direct avec la trinité des répétitions d'utilisation d'un mantra-pyramide.

Le maitre, et son pseudo-conseiller de vie.

Dans un grand palais royal, régnait un maitre richissime propriétaire de plusieurs flottes de bateaux de pêche grâce auxquelles il employait des centaines d'ouvriers et d'employés très loyaux. Pour se faire aider dans ses prises de décisions commerciales, il avait à son service un conseiller très cultivé et très instruit sur de nombreux phénomènes marins et commerciaux.

Le maitre lui-même étant également très cultivé et très instruit en la matière faisait presque toujours confiance à son conseiller par rapport surtout à des décisions logiques et rationnelles concernant les marins-pêcheurs et leurs activités en haute mer.

Un jour, de retour d'une partie de pêche en haute mer qui a duré plusieurs semaines, les marins-pêcheurs informent l'intendant principal du Maitre de palais, qu'il existerait une île splendide de l'autre côté de la mer.

D'après leurs sommaires observations, ils pensent qu'un petit groupe de gens apparemment d'une autre civilisation, y résident et sembleraient avoir le désir d'entrer en communication avec d'autres gens, et que leurs équipements paraissaient plus modernes que ceux du Maitre du palais.

Ils demandent donc à l'intendant d'informer le maitre pour qu'ils aillent sur cette île si magnifique.

Aussitôt informé, le maitre du palais très fébrile fait appeler son conseiller de vie. Il informe son conseiller de ce qu'il sait et veut son avis sur son intention d'envoyer les marins-pêcheurs du palais sur la fameuse île.

Le conseiller après quelques minutes de réflexions silencieuses, comme il en a l'habitude, défend au maitre du palais de prendre une telle décision sous prétexte que, c'est une autre civilisation inconnue, possédant des équipements plus modernes et donc susceptible de les envahir en faisant appel à d'autres personnes de leur soit disant nouvelle tribu inconnue.

Qui plus est, le conseiller prétend que le maitre du palais étant une trop gentille personne n'aura pas assez d'autorité sur les membres de cette île, advenant qu'ils voudraient avoir une quelconque protection du palais. **Le conseiller brandit donc au maitre du palais, la peur de l'inconnu, la peur d'envahissement, et la peur de n'être pas à la hauteur.** Le maitre du palais dit au conseiller qu'il a pris note de ses analyses et, qu'il l'informera de sa décision définitive quelques heures plus tard, et le laisse retourner à ses autres occupations.

Demeuré seul, le maitre du palais dans une de ses rares introspections mentales, se demanda intuitivement : « Si pour une fois, je laissais mon cœur me guider, quelle serait ma décision ? »

Suite à cette question, le maitre du palais tomba dans un état de rêveries éveillées et commença à laisser libre cours son imagination….

Une nouvelle civilisation inconnue! Une nouvelle culture! De nouveaux échanges! De nouvelles connaissances! De nouvelles opportunités de se développer! Qui sait peut-être que nous pourrions découvrir de nouvelles îles magnifiques, paradisiaques, quelle beauté ce sera, j'anticipe l'avenir plus rayonnant pour mon palais et pour cette nouvelle île.

C'est décidé, nous allons rentrer en contact avec les membres de cette île, qu'il n'en plaise à mon conseiller.

Sorti de son état de rêveries qui a duré moins d'une heure alors que cela paraissait une éternité au maitre du palais, celui-ci fit immédiatement appeler de nouveau son conseiller pour lui dire sans détours : « Nos hommes iront demain très tôt sur l'île. Je vais entrer en contact avec le chef des membres de l'île pour savoir ce qu'ils veulent et voir comment je peux leur être utile, pour une relation harmonieuse entre nos deux communautés. **C'est ma décision.** » Le conseiller, sur un ton ferme mais blagueur rétorqua « C'est du bluff ! Vous n'allez quand même pas prendre un tel risque je l'espère ? »
Le maitre du palais à nouveau sur un ton inhabituel et insistant, répéta : « **C'est ma décision, c'est ma décision.**»
Le conseiller cette fois-ci perdit sa voix et dit mentalement « Il a l'air décidé et il semble savoir ce qu'il veut et pourquoi il le veut. Ce n'est pas un bluff. »
Alors que le conseiller, sorti de ses émotions, voulut balbutier quelques mots, le maitre du palais plus que sûr de lui, affirma : « **C'est ma décision, c'est ma décision, c'est ma décision, et c'est irrévocable.**»
Sonné, le conseiller sortit de son engourdissement et abdiqua en affirmant solennellement « **Votre décision est un ordre, véritable Maitre.** »
Le conseiller sur l'ordre du maitre du palais fit venir l'intendant du palais à qui le maitre ordonna d'envoyer sur l'île ses meilleurs hommes avec une lettre écrite cachetée d'invitation d'harmonisation des deux communautés, si tel est le désir des membres de l'île.
Quelques semaines plus tard, les deux communautés sont en étroite collaboration dont les impacts dépassaient les rêves les plus fous du maitre du palais et de ses commettants, y compris de son conseiller.
Depuis lors, le conseiller en plus d'appeler le Maitre du palais, **Sa majesté**, il ajoute dorénavant spontanément, **Véritable Maitre**.

Il est clair que dans cette histoire, le conseiller n'est nul autre que **le mental** du maitre du palais, et que la leçon de l'histoire nous est tous applicable, dans l'expérience de notre vie quotidienne.

Répétez 3 fois à votre mental ce que vous voulez, et il va se taire et obéir comme un chien obéit à son maitre.

C'est l'histoire d'un médecin chirurgien cardiologue, dans la, mi trentaine très réputé et apprécié par ses collègues et surtout par les membres de la famille de ses patients. Des heures de travail de plus de 15 heures par jour, il ne les compte plus à son actif de professionnel passionné de son travail.

D'un beau physique et d'une belle allure, jovial, il ne laisse pas la gent féminine indifférente surtout pas celle de son milieu de travail, des secrétaires médicales, aux aides-soignantes en passant par les assistantes médicales. Le beau chirurgien n'a pas le temps d'avoir une amoureuse dans sa vie, mais il n'est pas plus heureux malgré ses nombreux succès dans ses opérations chirurgicales, les titres et les honneurs qu'il reçoit depuis l'âge de 28 ans où il a commencé à pratiquer véritablement et non plus comme interne.
À 36 ans passés, notre chirurgien se demande s'il va enfin trouver une amoureuse avant d'atteindre 40 ans. Ce questionnement tantôt conscient, tantôt inconscient, l'a contraint un jour à aller consulter son mentor maintenant à la retraite, lui-même excellent et réputé chirurgien cardiologue.
Suite à des palpitations inhabituelles à la poitrine, Dr Xavier (nom fictif) décide d'aller consulter un autre collègue qui lui notifie que son cœur est en excellente santé.
Sur cet avis, Dr Xavier est parti rencontrer son mentor dans sa résidence secondaire près d'un lac dans les cantons de l'est en Estrie au Québec, Canada.

Sans aucun détour, son mentor lui précise que son cœur est en bonne santé, mais il se sent seul, il est temps pour lui de faire une pause pour penser à lui, s'il ne veut pas ressentir de vraies palpitations à la poitrine. Il est temps qu'il se trouve une amoureuse.

Le mentor de Dr Xavier, familier de la loi de la création, lui suggère de formuler un mantra-pyramide de circonstance, et de sacrifier 15 minutes de ses temps précieux de la journée pour matérialiser ce désir plus que légitime.

Compte tenu du degré de confiance sans limite qui existe entre Dr Xavier et son mentor, celui-ci s'est empressé de formuler le mantra-pyramide suivant : « **Je partage maintenant ma vie amoureuse avec mon épouse qui a les mêmes passions que moi, et nous sommes heureux tous les deux ensemble. Merci.** »

Chaque matin, Dr Xavier se lève dorénavant 30 minutes plus tôt, pour pouvoir consacrer les 15 minutes suggérées pour son mantra-pyramide. Au bout de 45 jours, une fin d'avant-midi son assistante médicale l'approche et l'invite à aller prendre un lunch avant la prochaine opération prévue de la journée. Sans hésiter Dr Xavier accepte l'invitation ignorant inconsciemment les relations professionnelles entre lui et son assistante médicale.

Lors du lunch, l'assistante pose sa main droite sur la main gauche de Dr Xavier et le regardant droit dans les yeux, lui demande s'il accepterait d'être son ami de cœur. Là également, sans hésiter notre beau cardiologue dit oui, et ils s'embrassent spontanément sur la bouche.

Quarante et cinq jours plus tard, ils se sont fiancés et se sont mariés 6 mois plus tard. Dr Philippe Xavier et Isabelle Quintal filent le bonheur total depuis 5 ans et ont mis au monde un beau garçon âgé maintenant de 11 mois.

Cette histoire est une histoire vraie, seuls les noms et certains contextes ont été dénaturés.

Conversation avec l'Univers

« Cher Univers, je reconnais que je ne crois pas assez en Toi, mais je Te demande de réaliser quand même mon désir du moment pour moi ; et je croirai davantage en Toi. Merci. »

Ces propos sont ceux d'un propriétaire d'un magasin général de quincaillerie et autres accessoires de produits ménagers, dans une petite localité située non loin de ma ville natale Atakpamé, au TOGO.

Ce commerçant nommé BANA Yao est très respecté et admiré pour ses valeurs humaines, de droiture, d'honnêteté, de serviabilité, etc.

Bien que son magasin général fonctionne assez bien, Mr BANA en désirait davantage pour bien élever ses enfants qui sont vers la fin de leurs études primaires.

Chaque matin, presqu'au lever du soleil Mr BANA s'isole de leur maison familiale pour aller prendre une marche de 20 à 30 minutes, occasion pour lui également de vérifier l'état des volailles de son poulailler où il fait l'élevage de poules, de pintades, de canards.

Durant cette marche matinale, il s'adresse directement à l'Univers dans ces termes : « Cher Univers, je reconnais que je ne crois pas assez en Toi, mais je Te demande de réaliser quand même mon désir de voir mes enfants aller fréquenter une école secondaire pour y être bien instruits; et je croirai davantage en Toi. Merci. »

De retour de sa marche, il a l'habitude d'aller s'assoir sous un manguier en face de leur maison pour s'intérioriser.

Non seulement, chaque jour il vend de plus en plus d'articles et d'objets, ce qui lui permet de constituer un coussin financier pour l'étude de ses enfants, mais de plus, à la fin de l'année scolaire, son fils ainé réussit les 2 examens de fin d'études primaires avec mention très honorable.

Conséquence de cette réussite extraordinaire, le fils de Mr BANA reçoit une bourse d'études secondaires du Ministère de l'éducation nationale du TOGO. Ainsi Mr BANA est dispensé de payer des frais de scolarité et les frais de toutes les autres fournitures scolaires. Un an plus tard, le même phénomène se produit pour son second fils.

L'histoire de la dame qui reconnait sa valeur.

Mme Amanda (nom fictif), travaillait au sein d'un cabinet d'avocats à titre d'assistante-juridique depuis plus de 3 ans. Un jour, son supérieur immédiat, un avocat de renommée internationale lui propose qu'elle aille suivre un stage rémunéré de perfectionnement de 6 mois, afin que de retour elle occupe un poste supérieur plus intéressant, au sein du même cabinet. Mme Amanda accepte l'offre et alla suivre avec succès ledit stage. Six mois après, de retour de son stage elle eut une grande surprise en apprenant que le poste qui lui était destiné, est occupé par une de ses collègues, qui elle, avait déjà suivi avec succès ce même stage 2 ans auparavant.

L'explication donnée à Mme Amanda par son supérieur est qu'un projet en cours lui sera confié au moment opportun. Entre-temps, il lui a été demandé de gérer le classement des archives des dossiers juridiques réalisés, et en cours de réalisation du cabinet.

Mme Amanda, adepte de la spiritualité et passionnée de la numérologie, accepte malgré elle la proposition parce qu'elle a besoin de sa paye bi hebdomadaire pour vivre, n'ayant pas de coussin financier et ne s'attendant pas à vivre une telle situation.

Le soir même, arrivée chez elle à la maison, après son souper et une petite période de silence méditatif sur ce qu'elle peut faire de manière inspirée, elle reçoit la réponse d'appeler une de ses meilleures amies, elle aussi juriste dans un cabinet de droit international, en matière de droit de la personne. Elle lui fait part de ce qui lui arrive.

Son amie estomaquée, rit à chaude larme pour lui dire qu'elle pensait l'appeler pour lui suggérer de postuler sur un nouveau poste ouvert dans leur cabinet, mais qu'elle hésitait à cause de la promesse que lui a fait son supérieur avant le stage. Chemin faisant dans leur discussion, Mme Amanda décide sur le coup d'y postuler le lendemain même.

Arrivée au bureau le lendemain, Mme Amanda se dirige immédiatement vers le bureau de son supérieur immédiat et l'informe sans détour, qu'elle quitte son travail à compter de ce jour sans préavis, puisqu'elle n'a pas recommencé à travailler depuis son retour de stage. Toutefois, elle a droit à la paye des 2 dernières semaines incluses dans sa période de stage. Malgré l'insistance de son supérieur, elle maintient sa décision sur un ton calme et respectueux.

Après avoir rangé le peu de dossiers qu'elle a dans son bureau, elle va chercher son chèque de paye à la comptabilité et quitte sans regret, le cabinet.

En chemin, elle s'arrête aux bureaux du cabinet de son amie pour aller déposer sa candidature, et retourne chez elle à la maison. En fin d'après-midi elle reçoit un appel téléphonique du Président directeur général dudit cabinet, pour une entrevue le lendemain.

Le lendemain, c'était juste une formalité compte tenu des excellentes références professionnelles que le Président avait eues au sujet de Mme Amanda.

Au lendemain de l'entrevue, elle commence son nouveau travail, taillé sur mesure pour elle. Sa paye bi hebdomadaire est le double de ce qu'elle gagnait dans son ancien cabinet, soit 2500,00$ aux 2 semaines.

Six mois plus tard, on lui offre de devenir associée actionnaire minoritaire dans le cabinet et elle délaisse son statut d'employée qu'elle occupait.

Aux dernières nouvelles, Mme Amanda détient 50% des actions de leur cabinet, et a comme adjointe principale son amie qui la fait entrer dans le cabinet. **WOW** !!!

Guide Aide-mémoire : Révélations

Le Mantra-Pyramide des bâtisseurs des pyramides d'Égypte

«Je veux connaitre, le Mantra-Pyramide des bâtisseurs des pyramides d'Égypte. Merci.»
Dans l'enthousiasme qui m'imprègne tout au long de l'écriture de ce livre, à peine 1 heure plus tard la phrase m'est soufflée intérieurement, et la voici : «Nous avons érigé ici et maintenant, un temple parfait. » Je mis par écrit la phrase reçue pour en connaitre sa valeur numérique globale ainsi que la valeur numérique des mots qui la composent comme suit :
Nous = 6, avons = 8, érigé = 8, ici = 3, et = 7, maintenant = 3, un = 8, temple = 8, parfait = 8.
Je suis stupéfait par la similarité des nombres qui composent cette phrase divinement reçue ce jour, et je ne peux que constater que c'est un Mantra-Pyramide.
 Ce qui me rend encore plus excité, c'est de constater que la phrase est au passé. Ces bâtisseurs plus que convaincus, ont considéré que le temple était déjà érigé avant même qu'ils ne commencent à le faire physiquement. WOW !
Le Mantra-Pyramide peut être, un énoncé formulé au passé, au présent, et au futur ; je viens d'avoir la preuve concrète. Pour le futur, je vous en donnerai des nouvelles, c'est promis.

Je veux mentionner ici, compte tenu du beau cadeau que je viens de recevoir ce 30 juin 2009 qui, soit dit en passant est un jour d'anniversaire spécial pour moi, que pour construire un Mantra-Pyramide, il faut prendre le temps de bien choisir les mots qui le composent, afin d'avoir le résultat que vous voulez.

Dans ce cas d'espèce que je viens de vivre **en instantané réel**, ce n'est pas moi qui ai choisi ni les mots, ni la phrase, c'est mon Ami intérieur invisible, branché directement sur l'Univers(DIEU).

Je me permets ici et maintenant, de m'arrêter pour remercier mon Ami intérieur et l'Univers(DIEU) de m'avoir fait cette révélation si formidable.

Alors pourquoi cette fois-ci cela ne fonctionne-t-il pas ? La réponse se trouve dans la révélation suivante.

Vous avez appris dans les chapitres précédents, que la loi de la répartition et de regroupement des éléments, sur le plan physique stipule que ; « Les espèces identiques des mots-pensées de votre mantra-pyramide se répartissent et se regroupent en vue de leur manifestation idéale. » Plus les pensées-mots, sont en harmonie entre elles, plus la manifestation du désir est parfaite.

N'est-ce pas la même chose que stipule la loi d'attraction ? Bien sûr que oui. Alors j'ai compris ce qui suit.

En utilisant, le mantra-pyramide je fais de quoi dans le but de provoquer une manifestation visible de mon désir, et c'est légitime. Au lieu de vouloir faire de quoi, il est plus amusant de vouloir ressentir le bien-être procuré par le silence méditatif du mantra-pyramide en adoptant le procédé de la loi d'attraction.

En insistant sur le faire, je crée inutilement une tension, qui plus est je renforce involontairement la situation de manque, qui va surgir à nouveau après la réalisation de ce désir du moment. J'ai compris donc pourquoi j'étais souvent en mode d'action constante pour réaliser mes désirs.

Ainsi, dès que j'ai compris cela, des pistes et des perspectives me sont inspirées pour faire pivoter le contraste du manque que j'avais

La deuxième grande révélation que j'ai eue, concerne le mot «Je suis».

Le Pouvoir vibratoire du mot JE SUIS.

Dans le domaine du développement personnel et spirituel, il est admis que tout énoncé qui est précédé par je suis, se concrétise tel que formulé. Exemple : Je suis en parfaite santé, je suis riche, je suis capable, je suis joyeux, je suis en paix, je suis généreux, je suis positif…etc. De nombreux cas vécus et de nombreux témoignages viennent confirmer cette constatation générale. De nos jours, la Physique quantique déborde de cas où l'affirmation de je suis, opère des merveilles dans la vie des gens qui s'en approprient.

Même avant notre ère moderne, plusieurs philosophes et sages érudits des anciens temps ont déjà su utiliser avec succès le mot je suis.

En ma qualité de chercheur et de passionné de la numérologie, j'ai voulu comprendre pourquoi il en est ainsi avec ce mot si magique. Voici ce qu'il en est.

- La correspondance numérique de je suis est : Je = 1+5 = 6, suis = 1+3+9+1 = 14 = 5.

- La valeur numérique de je suis est donc 6+5 = 11. Pour des raisons vibratoires, on n'additionne pas 11, comme 1+1. 11 reste 11, parce que c'est un nombre spécial.

Ainsi la correspondance numérique de je suis est constituée d'abord par 6. 6 c'est 2fois la perfection, 2 fois la trinité ; puis par 5, qui représente le nombre de la vie.

La valeur numérique de je suis, 11 représente l'Abondance. En additionnant la correspondance numérique de toutes les lettres de je suis, comme 1+5+1+3+9+1, nous obtenons 20 = 2 qui représente le nombre de

l'équilibre, le nombre des créations collectives, le nombre de l'harmonie et de la paix.

Concrètement, que signifie cette présentation ?

Le mot JE SUIS est puissant et magique pour des raisons suivantes, raisons de mon analyse qui devient en fait une révélation.

À chaque fois que vous prononcez mentalement ou verbalement, je suis, il se passe dans le monde invisible de la création les phénomènes ci-après.

Allons-y avec un énoncé : « Je suis capable ».

Par cette affirmation, vous déclenchez le processus de l'abondance de potentialités et de capacités de tout votre être. Vous mettez en branle les processus de la perfection, en y mettant la vie. Qui plus est, la manifestation de votre affirmation se fera avec équilibre, dans l'harmonie et la paix, en Co-création avec l'Univers.

Je viens de comprendre également, qu'en prononçant je suis, vous n'êtes plus seul `vous êtes au moins 2, vous et votre Ami intérieur invisible, et certainement vous êtes 3, en compagnie de l'Univers (Dieu. À chaque fois que vous prononcez je suis, vous faites 1 avec la trinité, vous devenez la trinité, vous devenez la perfection.

JE SUIS est un mantra-pyramide à lui tout seul. En l'ajoutant à un désir quelconque, vous êtes plus que certain d'obtenir, perfection, équilibre, harmonie, en plus de l'abondance de ce désir, dans sa réalisation et dans sa manifestation. Vous trouverez en annexe la combinaison de je suis avec certains désirs ou états d'être, et leur valeur numérique.

Toutefois, je veux terminer ce passage sur le mot je suis, en combinaison avec un état d'être spécial, la lumière. « **JE SUIS LUMIÈRE** »

Vous connaissez déjà la valeur numérique de je suis, passons à celle de la lumière. La valeur numérique du mot lumière, donne 11, soit le nombre de l'Abondance. Cela signifie qu'à chaque fois que vous affirmez « Je suis la lumière », vous donnez la vie à votre véritable nature, qui est celle d'un être divin dans un corps humain. Je suis la lumière, signifie, je suis la vie, je suis l'abondance, je suis la perfection, je suis l'équilibre, je suis l'harmonie, je suis la paix, je suis la

surabondance (11+11= 22), en somme je suis l'Amour inconditionnel. Amusez-vous, et prenez l'habitude d'affirmer encore et encore, **je suis lumière, je suis lumière, je suis lumière,** et observez comment vous vous sentez, bien n'est-ce pas ?

Le Pouvoir vibratoire du mot MERCI.

En disant merci pour la réalisation d'un désir avant qu'il ne se manifeste dans votre expérience de vie, vous accélérez sa manifestation. Si vous pouvez remercier sincèrement encore et encore pour votre désir comme s'il était manifesté, vous accentuez son accélération dans votre monde visible. Bien évidemment, votre merci est adressé à l'Univers(Dieu), et l'Univers dans sa magnificence enlève le voile sur le désir réalisé afin qu'il soit manifesté.

Ces affirmations que je viens de vous présenter, proviennent des constats réels vécus par des milliers de personnes sur la terre qui sont très branchés sur leur Divin en eux.

Selon les expériences vécues par ces gens harmonieux dans toutes les sphères de leur vie, la manifestation du désir est accélérée parce que, l'Univers considère la répétition de votre remerciement comme une preuve tangible de votre certitude intérieure, et vous épargne ainsi des périodes habituelles de polissement de votre « diamant » intérieur.

Par ailleurs, pour ceux qui s'intéressent à ce qui se passe dans le monde merveilleux invisible, dire merci correspond aux chansons des chœurs des Anges au
Ciel, Alléluia, Alléluia, Alléluia.
Pourquoi un tel mot a un si puissant pouvoir ? La réponse, je l'ai trouvé pour ma part dans son taux vibratoire que je vous présente à l'instant.

MERCI = 4+5+9+3+9 = 30 = 3
Comme vous le constatez, la valeur numérique de merci est 3. C'est donc la perfection, la trinité. Ma curiosité de chercheur me dit instinctivement, qu'il faut approfondir ma recherche ; et c'est ce que J'ai fait en analysant la correspondance numérique des 5 lettres qui constituent le mot merci.

- La première lettre M, représente le nombre 4 qui est le nombre de la création et de l'organisation.

- La deuxième lettre E, représente le nombre 5 qui est le nombre de la vie.

- La troisième lettre R représente le nombre 9 qui est le nombre du talent et de l'idéal.

- La quatrième lettre C représente le nombre 3 qui est le nombre de l'adaptation et de l'idée.

- La cinquième lettre I représente le nombre 9 qui est le nombre du talent et de l'idéal.

Selon les résultats de mon analyse et de ce qui m'a été révélé, en disant MERCI voici ce qui se produit :

Vous mettez en marche le processus de création par rapport à l'objet ou le sujet de votre remerciement, en vous plaçant automatiquement dans la phase 3 de ce processus qui est la phase de Réception.

En disant merci, vous acceptez de recevoir ce que l'Univers vous donne en lien direct avec votre demande. Par cet acte de remerciement, vous déclenchez les bases de l'organisation de la manifestation de votre désir qui a fait l'objet de votre demande, grâce à la loi de la création.

LA QUATRIÈME DE COUVERTURE

Ce livre que vous êtes sur le point de parcourir présentement, contient les réponses pour ne pas prétendre dire, contient la réponse à vos interrogations face à la surabondance d'informations en ce qui a trait aux lois naturelles et universelles dans le domaine du développement personnel. Aimeriez-vous une fois pour toutes, le plus simplement possible, savoir à quelle loi universelle vous fier pour réaliser vos désirs?

Vous la découvrirez dans ce livre et vous serez en mesure de vous l'approprier aisément. **Vous y comprendrez pourquoi le processus de la création (Je demande, l'Univers répond, je reçois) n'est pas une loi mais plutôt une procédure divine qui obéit à la loi de la création, épaulée par la loi d'attraction, la loi de l'unité, entre autres, pour ne citer que celles-là.**

Pour vous donner un avant-goût de la grandeur des résultats obtenus de l'utilisation du secret de la loi de la création, lisez cette **histoire tirée de mon livre**: « Par un bel après-midi ensoleillé de fin d'automne, où le soleil luisait d'un jaune orangé-pourpre, une jeune mère au foyer, après avoir couché son bébé dans son berceau couleur rose-bonbon pour sa sieste quotidienne, se retira dans la cour-arrière de leur maison, clôturée par des barrières en mailles de chaines orangée. Sous l'un des arbres géants de la maison, elle s'allongea dans son fauteuil orange-or préféré. Regardant le ciel bleu turquoise à travers les feuilles des branches des arbres, elle ferma les yeux. Tout d'un coup, tombée dans un état méditatif, elle se vit au bord d'un lac dont l'eau était d'un bleu-azur. Le soleil dans sa vision, d'un jaune-orange orangé se dirigeant vers l'ouest, illumina le lac de ses rayons couleur arc-en-ciel qui semblaient danser sur la surface de l'eau du lac. Soudain, dans son rêve éveillé, la jeune dame entendit une voix lui souffler: «**Laisse tes désirs les plus intimes danser comme ces rayons du soleil sur le lac, et reste confiante qu'ils sont déjà réalisés. Sois dans l'allégresse, à bientôt.** » La dame sortit de son état méditatif et se rappela, qu'elle mijotait un désir non encore réalisé, et se demanda comment peut-on faire danser un désir ? Pourquoi, dois-je le faire danser ? Mais alors, pourquoi pas ? se dit-elle.» Pourquoi et comment fait-on danser un désir pour le voir se réaliser ? C'est ce que le secret de la loi de la création que je vous présente dans le présent livre, vous dévoilera de par sa nature.

Qui est Ayé Victor AKPAKI
Je suis le Créateur de l'approche H.I.R.I.H.

(Harmonisation intégrale des relations inter humaines),
Expert-accompagnateur de cheminement de vie, Expert coach
en H.I.R.I.H., au sein des entreprises depuis 1981 dont les 27
dernières années au Québec Canada. Détenteur d'une maitrise
en gestion et développement des entreprises de l'Université de
Sherbrooke, je suis également diplômé en Para psychologie
avec concentration Numérologie.

Ayant eu l'opportunité et le privilège de conseiller et de former des centaines de dirigeants et d'employés, durant ma carrière, mon intention est de partager avec des milliers, voire des centaines de milliers de gens, des outils précieux en matière de développement personnel et spirituel. Le présent livre qui est le quatrième issu de mon approche, constitue cet apport que je veux faire plus précisément dans le domaine de la numérologie appliquée. Car plus nombreux nous serons à comprendre et à appliquer la loi de la création sur le plan physique, meilleure, et plus riche sera notre contribution à l'épanouissement des humains sur la terre.

www.ingramcontent.com/pod-product-compliance
Lightning Source LLC
Chambersburg PA
CBHW051956090426
42741CB00008B/1417